【大学受験】名人の授業シリーズ

大岩のいちばんはじめの英文法【超基礎文法編】

東進ハイスクール・東進衛星予備校 講師
大岩 秀樹(おおいわひでき)

東進ブックス

第1章 全項目で必要な知識

- 品詞 … 0
- 動詞① … 1
- 動詞② … 2
- 基本5文型 … 3
- 時制① … 4
- 時制② … 5
- 助動詞① … 6
- 助動詞② … 7
- 受動態 … 8
- 疑問詞と疑問文 … 9
- 命令文・感嘆文 … 10

第2章 カタマリを作る文法

- 不定詞① … 11
- 不定詞② … 12
- 不定詞③ … 13
- 動名詞 … 14
- 分詞① … 15
- 分詞② … 16
- 分詞構文① … 17
- 分詞構文② … 18
- 関係代名詞① … 19
- 関係代名詞② … 20

第3章 その他の重要文法

- 関係副詞 … 21
- 比較① … 22
- 比較② … 23
- 仮定法① … 24
- 仮定法② … 25

はじめに

　どうも、はじめまして！　英語講師の大岩秀樹です！
　この本を手にとってくれた人は、英語が苦手で、「まずは簡単な基礎から勉強しよう」と思っている人が多いんじゃないかな？ほとんどの人が「基礎＝簡単なこと」って思っているみたいだけど、それは違うんだ。「頻繁に使うから、1つでもわからないところがあったらもう終わり」の超必修重要事項。それが「基礎」の本当の意味だと俺は思うんだよね。
　家などの建物は、基礎の工事に少しでも落ち度があれば、どんなに頑張って建てても「欠陥住宅」になっちゃうよね。
　英語も同じで、基礎は99％の理解じゃダメで、100％理解して初めて使えるものなんだ。
　この本で展開する英文法の授業は、参考書"初"と言っていいくらいの超基礎レベルからはじめて、受験英語に必要な基礎知識を1冊で「完璧」に固めることができるように構成されているんだ。まさに「いちばんはじめ」のレベルからはじめた、「いちばんはじめ」に読んでほしい英文法書なんだよね。
　難関大学を目指す人ほど基礎をおろそかにしがちだけど、「基礎」がわからなければ、「応用」は絶対にわからない！
　高1生でも高2生でも受験生でも、まずはこの本の授業でシッカリと英語の「基礎」を固め、大学入試レベルへと進んでいける強靭な"英語力"を身につけよう！

大岩　秀樹

▶解説動画

▲スマホのカメラで読み取ると、大岩先生のワンポイント
　解説動画が見られます。(以下同)

改訂のポイント

初版発行以来、「これでわからなかったら、もうあきらめる」と言われるほど非常に多くの高校生・大学生・社会人の方々からご好評をいただいている本書（累計 50 万部突破！）ですが、この度さらにより良い本になるよう、以下のポイントに重点を置いて徹底的な改訂を行いました。

POINT 1　内容の改良・改善

現役高校生や編集スタッフ（大学生）の意見をたくさん吸収して、本書の講義内容をさらにわかりやすく改善しました。大学入試はもちろん、英検や TOEIC の基礎固めとしても役立つ内容になっています。

POINT 2　「特別講義」を増補

基礎英文法がいっそう深く理解できるよう、第 0 講の前には「授業〜その前に〜」、第 21 講のあと（第 2 章の最後）には「形容詞のカタマリ」という特別講義を追加しました。

POINT 3　本文デザインを一新

色のコントラストや文字の書体・太さ等を調節し、可読性・視認性が高まるように調整。本文のデザイン・レイアウトをすべて一新して、見やすさ・使いやすさを向上させました。

POINT 4　巻末に「索引」を新設

文法項目名を五十音順に並べた「索引」を、巻末に新しく付載しました。参考書・問題集の学習中、学校や塾の授業中、宿題をやっているときなど、いつでもどこでも、調べたい文法項目があれば、この索引ですばやく検索することができます。

本書の使い方

使い方1 基本的な使い方

　本書は、大学入試（や英検・TOEICなど）に必要な英文法の基礎を全26講（第0～25講）に分け、下図のように、「講義」→「CHECK問題」→「講義」→「CHECK問題」というシンプルな形式で、一つ一つ、スモールステップ方式で講義を展開します。

　品詞から仮定法まで、**すべての分野を網羅しているので、この1冊で英文法の基礎を完璧に固めることができます。**

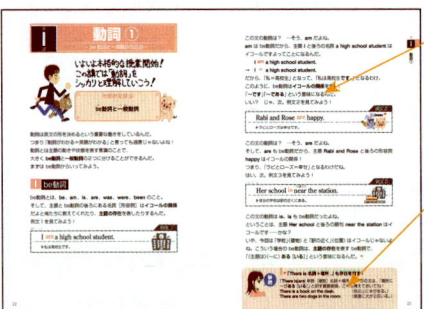

●**本文**
大岩先生による基礎英文法の授業をフルカラーで紙上に再現しました。とにかく何度でも読んでください。

●**脚注**
本文の補足説明や注意点、その他覚えておいた方がいいことが収録されています。本文中に▼印がある場合は、その部分に対応した脚注が付いています。

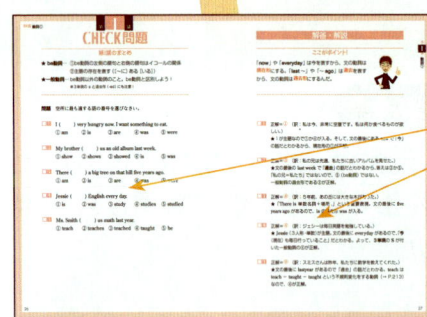

●**CHECK問題**
各講の終わりには、CHECK問題が見開きで付いています。
左ページに問題があり、
右ページに解答・解説があります。
実際に解いて、身につけた知識をシッカリ確認してください。
間違えた場合は必ず本文に戻って復習しましょう。

見返し

　本書の裏（見返し部分）には、『英語の「基本」の語順』という図があります。基本の文型を理解するために非常に有効な図なので、いつでもどこでも何度でも見て、目にその映像を焼きつけてください。

使い方2　本書で使う記号

- **S** ＝主語　Subject　（背面が水色の部分は主語）
- **V** ＝動詞　Verb　（背面が桃色の部分は動詞）
- **O** ＝目的語　Object　（背面が黄色の部分は目的語）
- **C** ＝補語　Complement　（背景が緑色の部分は補語）

例 Hideki made them happy.
　　 S　　V　　O　　 C

- $V_原$ ＝動詞の原形
- V_p ＝過去形
- V_{pp} ＝過去分詞形
- to $V_原$ ＝不定詞
- Ving ＝動名詞／現在分詞

- A・B ＝文法的に対になる要素
- ～ ＝名詞が入る
- … ＝形容詞や副詞が入る
- ..... ＝その他の要素が入る

- [ ] ＝名詞のカタマリ
- 〈 〉＝形容詞のカタマリ
- ( ) ＝副詞のカタマリ

- 例 ＝例文の印
- ▶ ＝和訳の印
- ▶️ ＝解説動画

- [ ] ＝言いかえ可能（直前の語とカッコ内の語は言いかえられる）

例：I do not [don't] have a pen.　← do not は don't と言いかえられる

使い方3　登場キャラクター紹介

大岩 秀樹
Hideki Oiwa
新進気鋭の英語講師。親切・丁寧で面白い授業は、英語に悩める全国の受験生から圧倒的支持を集める。

須木 英子
Eiko Suki
大岩先生の助手。補足説明や注意点などをこっそり紹介し、先生の授業を下から支える英語マニア。

石田
Ishida
なぜか「石田」という名前を付けられてしまった大岩先生の愛犬。日本語は話せる(?!)が英語は苦手。

その仲間たち
Hideki's friends
どこからともなく現れて、どこへともなく去っていく、正体不明の仲間たち。なぜか英語には詳しく、数々の役立つ情報をくれる。
（原画：大岩秀樹）

CONTENTS もくじ

第1章
全項目で必要な知識

第0講 品詞
～基本4品詞（名詞・動詞・形容詞・副詞）～
1. 名詞 ……………………………… 15
2. 動詞 ……………………………… 16
3. 形容詞 …………………………… 17
4. 副詞 ……………………………… 18

第1講 動詞①
～be動詞と一般動詞の区別～
1. be動詞 …………………………… 22
2. 一般動詞 ………………………… 24

第2講 動詞②
～be動詞・一般動詞の否定文と疑問文～
1. be動詞を含む文の否定文 ……… 28
2. be動詞を含む文の疑問文 ……… 29
3. 一般動詞の否定文 ……………… 30
4. 一般動詞の疑問文 ……………… 31
5. 疑問文と肯定文と否定文 ……… 32

第3講 基本5文型
～英語の並び方～
1. 自動詞 …………………………… 36
2. 他動詞 …………………………… 37
3. 第1文型：S+V(自) ……………… 38
4. 第2文型：S+V(自)+C …………… 38
5. 第3文型：S+V(他)+O …………… 39
6. 第4文型：S+V(他)+O₁+O₂ ……… 40
7. 第5文型：S+V(他)+O+C ………… 41
8. 冠詞 ……………………………… 42
9. 前置詞 …………………………… 43

第4講 時制①
～大過去・過去・現在・未来・進行形～
1. 現在形 …………………………… 46
2. 過去形 …………………………… 48
3. 大過去 …………………………… 48
4. 未来 ……………………………… 49
5. 進行形 …………………………… 50

第5講 時制②
～現在完了・過去完了・未来完了～
1. 現在完了 ………………………… 55
2. 現在完了の否定文 ……………… 57
3. 現在完了の疑問文 ……………… 58
4. 過去完了 ………………………… 60
5. 未来完了 ………………………… 61

第6講 助動詞①
～助動詞＆助動詞が入った文の形～
1. 助動詞の肯定文・否定文・疑問文 … 65
2. 色々な助動詞 …………………… 66

第7講 助動詞②
～慣用的な助動詞表現～
1. 注意すべき慣用的な助動詞表現 … 72
2. 過去の出来事を後悔・推察する助動詞表現 … 75

第8講 受動態
～受動態の作り方とポイント～
1. 受動態 …………………………… 78
2. 第3文型（SVO）の受動態 ……… 80
3. 第4文型（SVOO）の受動態 …… 81
4. 第5文型（SVOC）の受動態 …… 82
5. 群動詞を使った受動態 ………… 82
6. by以外の前置詞を使う受動態 … 83

第9講 疑問詞と疑問文
～疑問詞を使った疑問文～
1. 疑問代名詞 ……………………… 86
2. 疑問形容詞 ……………………… 89
3. 疑問副詞 ………………………… 90
4. 間接疑問文 ……………………… 92

第10講 命令文・感嘆文
～命令文と感嘆文の形～
1. 命令文 …………………………… 96
2. 感嘆文 …………………………… 97

● 第1章の総まとめ ………………… 100

第2章
カタマリを作る文法

第11講 不定詞①
~名詞的用法~
1. 不定詞の名詞的用法 ……………… 102
2. 不定詞共通ルール① ……………… 104

第12講 不定詞②
~形容詞的用法~
1. 注意が必要な不定詞の形容詞的用法 …110
2. 不定詞共通ルール② ……………… 111

第13講 不定詞③
~副詞的用法＆原形不定詞~
1. 不定詞の副詞的用法 ……………… 114
2. 不定詞共通ルール③ ……………… 118
3. 原形不定詞 ………………………… 118

第14講 動名詞
~名詞のカタマリを作る Ving ~
1. 動名詞＝ Ving ＝ V すること …… 122
2. 動名詞と不定詞（名詞的用法）の違い… 124
3. [Ving] と [to V原] で意味が変わる動詞… 125
4. 動名詞の意味上の主語 …………… 126
5. 動名詞の完了形 …………………… 127
6. 動名詞の否定形 …………………… 127

第15講 分詞①
~形容詞のカタマリを作る Ving と V_pp ~
1. 分詞は「動作っぽい」形容詞のカタマリ！… 130
2. 名詞を前から修飾する分詞 ……… 131
3. 名詞を後ろから修飾する分詞 …… 134

第16講 分詞②
~補語（C）になる Ving と V_pp ~
1. SVC の C に分詞を使う場合 …… 138
2. SVOC の C に分詞を使う場合 … 139
3. 分詞を使った重要表現 …………… 140

第17講 分詞構文①
~副詞のカタマリを作る Ving と V_pp ~
1. 接続詞は副詞のカタマリを作る … 144

2. 分詞構文① ………………………… 145
3. 分詞構文② ………………………… 147

第18講 分詞構文②
~副詞のカタマリを作る Ving と V_pp ②~
1. 副詞のカタマリを作る V_pp …… 152
2. 分詞構文の否定形 ………………… 153
3. 分詞構文の慣用表現 ……………… 154
4. 接続詞 ……………………………… 154

第19講 関係代名詞①
~主格・所有格・目的格~
1. 関係代名詞〈主格〉 ……………… 159
2. 関係代名詞〈所有格〉 …………… 161
3. 関係代名詞〈目的格〉 …………… 162

第20講 関係代名詞②
~前置詞＋関係代名詞 ＆ 関係代名詞の what ~
1. 前置詞＋関係代名詞 ……………… 166
2. 関係代名詞の what ……………… 169

第21講 関係副詞
~ where・when・why・how ~
1. 関係副詞の where・when・why・how … 175

●第2章の総まとめ ……………………… 186

CONTENTS
もくじ

第3章
その他の重要文法

第22講 比較①
〜勝ち・引き分け・負け〜
1 「勝ち」から書くパターン……………189
2 「引き分け」のパターン………………191
3 「負け」から書くパターン……………192
4 比較級の強調……………………………193

第23講 比較②
〜最上級＋慣用表現〜
1 最上級……………………………………196
2 比較を使った慣用表現…………………198

第24講 仮定法①
〜仮定法の基本形〜
1 現在のもしも話（仮定法過去）………204
2 過去のもしも話（仮定法過去完了）…206
3 未来のもしも話（未来の仮定法）……207
4 混合仮定法………………………………208
5 仮定法を使った慣用表現………………209

第25講 仮定法②
〜I wish／as if／It is time〜
1 I wish ＋仮定法…………………………212
2 as if ＋仮定法……………………………213
3 It is time ＋仮定法………………………215

● 第3章の総まとめ ………………………218

Postscript（あとがき）…………………219

巻末資料
1 代名詞の種類……………………………220
2 a [an] の付け方…………………………221
3 複数形の作り方…………………………221
4 副詞の入る位置…………………………222
5 be動詞の活用……………………………222
6 3単現の s の付け方……………………223
7 Ving の作り方……………………………223
8 過去形・過去分詞形の作り方…………224
9 不規則動詞 50 選………………………225

おしらせ

本書対応アプリはこちら！

無料アプリ「東進ブックスStore」では，本書の**確認テスト・音声学習用データ**を販売中！本書の復習やリスニング学習にも最適！

東進ブックス

東進ブックスStore　検索

第1章
全項目で必要な知識

「基礎＝超必修重要事項」なんだけど、この章ではそんな「基礎」のさらに基礎、「全項目で必要な知識」をやるよ。これは99％の理解じゃダメだから、絶対に100％理解してほしいんだ。中学の復習レベルからはじめてジックリ進んでいくから、安心してついてきてね！

特別講義
授業 〜その前に〜

はい、どうもこんにちは！
「はじめまして」の方(かた)も多いと思いますので
最初に自己紹介からさせていただきたいと思います。

ワタクシは、東進ハイスクール・東進衛星予備校で
英語を担当している、大岩秀樹(おおいわひでき)と申します！
よろしくお願いいたします。

この本を手に取ってくれたということは、
「本当に大切な部分」をシッカリと固めて、
これから英語を「得意」にしていこう！
……ということでマチガイナイですか!?

そういうことなら、この本は最適中の最適中の最適！
ぜひ、本書を使いこなして、英語を味方にしちゃいましょう！

では、さっそくですが、この本の「復習の仕方」を説明いたします。

……え？
まだ1ページも読んでいないのに、復習の話は気が早いですって!?
そんなことはありませんことよ!!!
むしろ、復習が一番大切なんですから！
本を読んだだけで、わかったつもりになって終わるのが
いちばんコワイんですから、英語って!!!

はい、……よろしいでしょうか？
つまり、最初だからこそ、復習法を知っておくことが大切なのです！

I 復習するときの注意点

ところで、「英語」って何でしょうか？
……そう！　ナント、英語は「言葉」なのです！
言葉である以上は、「口から音を出す訓練＝**音読**」が
復習に欠かせないことはもう言うまでもないですよね!?

しかし、何も考えずに、ただ音読をすれば英語が身につくかというと、
そういうわけでもありません。
ダラダラと筋トレをしても効率良く筋肉がつかないのと同じですね。
トレーニングをするときは、
「何を意識するのか」で結果は大きく変わるんです。
そこで、「音読で意識すべき２大ポイント」を発表いたしましょう！

> **● POINT**
> **音読で意識すべき2大ポイント**
> ① 語順と内容を意識する！
> ② 相手に「伝える」という意識をもつ！

まず、①。
何を呼び出そうとしているのかわかりませんが、
ぶつぶつと呪文を唱えるような音読は効果がありません！
シッカリと、語順と内容を意識した、言葉としての音読をしましょう。

次に、②。
言葉は相手に自分の考えを「伝える」道具です！
常に相手を想像し、聞き取りやすい発音も意識しましょう。
　　※聞き取りやすい発音＝ハッキリと大きな声
発音の仕方は、辞書などでシッカリ確認しましょうね！

2 語順と内容①

この本の中では、英語を「カタマリ」で身につける工夫がされています。

　　I like to play tennis.　（私はテニスをすることが好きだ）
→ I like [to play tennis].
　　　　　カタマリ

実は、このカタマリは「意味をもつカタマリ」になっています！
音読のときはこのカタマリを意識し、
次のように／(スラッシュ)で区切って音読をしましょう。

　　I like [to play tennis].
= I like ／ to play tennis.　←意味をもつカタマリを意識

（音読）I like ／私は好きだ／ to play tennis ／テニスをすることが

この音読を数回くり返すと、日本語がジャマになるときがきます。
そうしたら、今度は日本語を使わずに音読します。

（音読）I like ／ to play tennis.

この音読をくり返し、最終的に

（音読）I like to play tennis.

と音読して、英語のままで理解できるようになれば音読終了です。

「この本に載っている英文はすべて暗記暗唱する」
というつもりで頑張ってみてくださいね！
この本が終わる頃にはスゴイ英語力が備わっているはずですよ！
（英文の暗記暗唱には、対応アプリもオススメ！）

3 語順と内容②

さて、いよいよ授業がスタートするわけですが、最後にもう1つ。
英語の基礎・基本を身につけるためには、
「**基本5文型**」というのをマスターする必要があります。
基本5文型は第3講 (☞P.36) でやりますが、
これはとても大事ですので、シッカリと身につけてください。
ただ、実際に「使う」レベルを考えると、5つはちょっと多いかなと。
そんなわけで、5つの型をたったの**2つ**にまとめてしまいました！
最初はこの2つの型を、音読のときに意識しましょう。

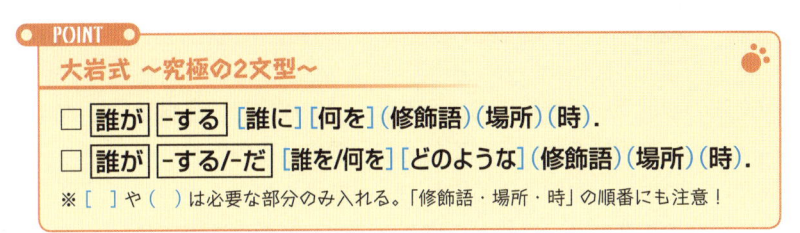

● POINT
大岩式 ～究極の2文型～
□ 誰が -する [誰に][何を](修飾語)(場所)(時).
□ 誰が -する/-だ [誰を/何を][どのような](修飾語)(場所)(時).
※ [ ] や ( ) は必要な部分のみ入れる。「修飾語・場所・時」の順番にも注意！

例えば、次のような感じだね。

□ 昨日この部屋で、彼女は彼に手紙を書いた。
　She wrote [him] [a letter] (in this room) (yesterday).
　誰が　-する　誰に　何を　　　場所　　　　時
　　　　　　　　　　　　　　　　※ (修飾語) はないのでとばす

□ 先週、彼女はその犬をジョンと名づけた。
　She named [the dog] [John] (last week).
　誰が　-する　何を　どのような　時
　　　　　　　　　　　　　　　※ (修飾語)(場所) はないのでとばす

英語では、「誰が」「どうするのか」を最初にハッキリと伝えて、
そのあとで細かい説明を付け加えていくという感じなんだね。

さあ、それでは復習の注意点の基本もわかったところで、
まずはウォーミングアップの第0講からいってみよう！

第0講 品詞
〜基本4品詞（名詞・動詞・形容詞・副詞）〜

どうも どうも！
文法を整理して覚えたい人は、
ヤッパリ「品詞」から始めないとね！

今回の主役
4つの品詞
①名詞 ②動詞 ③形容詞 ④副詞

英文法の学習で一番最初におさえてほしいのが、この**品詞**なんだよね。
品詞はどんな授業を受けていても必ず必要になるので、
最初にシッカリとわかるようにしちゃいませんか！
特にボクの授業では、**これから学ぶほぼすべての文法事項を、**
今回の主役である**名詞・動詞・形容詞・副詞**の4つに分けて考えるテクニックを伝授するので、品詞がわかっているとメキメキと上達していくからね。▼

・・・おお、お待ちしておりました、その疑いのまなざし!!!
ウソかホントかは、この本の授業が終わればわかるけど、
なんと、「ホント」なので安心してください。
そして、ムチャクチャ簡単なので、さらに安心してくださいね。

さあ、準備はよろしいでしょうか？
それでは、さっそく**名詞**からいってみましょう！

▼**この4品詞が英文法のメイン！**
英文は基本的に、**名詞・動詞・形容詞・副詞**の4つをメインにしてできてるの。つまり、英語で何かを相手に伝えるとき、この4つを中心に考えて英単語を並べればいいのよね。だからこの4品詞はとっても大事！ シッカリおさえておいてね！

1 名詞

「名詞」って聞いたことあるかな？
これはね、**人やモノや事柄などの名前**を表す言葉のこと。
例えば、**Michael**（マイケル）や **Ann**（アン）などという人の名前とか、
dog（犬）、**desk**（机）、**banana**（バナナ）、**idea**（考え）、**fire**（炎）、**accident**（事故）などだね。
これらは全部「名詞」という品詞なんだよ。
でね、この名詞について日本語と英語で全然違う点は、
英語の名詞はそれが「数えられるモノなのか、数えられないモノなのか」
を意識することが大切だということ!!!
名詞には**数えられる名詞**と**数えられない名詞**があるわけだね。
…で、数えられる名詞の場合、
単数（1つ）なら a[an] などが名詞の前に付く**単数形**になり、
複数（2つ以上）なら**複数形**という形になるんだ。

　※「a[an]の付け方」「複数形の作り方」は巻末資料2・3（☞P.221）を参照！

ちなみに、数えられない名詞は、複数になるはずがないので、
常に単数形（a[an]は付かない）が基本だからね。

● **POINT**

名詞の単数と複数

数えられる名詞 ┬→ 単数（1つ） ──→ **単数形**（a[an]などが前に付く）
　　　　　　　└→ 複数（2つ以上）→ **複数形**（語尾に s[es] が付く）

数えられない名詞 ──→ 常に**単数形**（a[an]は付かず形は変わらない）

ところで数えられる名詞と数えられない名詞の見分け方って知ってる？
pencil（鉛筆）は数えられる名詞だよね。1本、2本…って。
じゃあ、**chalk**（チョーク）は数えられる？
…そのとおり!!! 実は、**chalk** は数えられない名詞なんだよね。
数えられる名詞とは、**「破片にしたときに名前が変わってしまう名詞」**
だと考えるといいよ。
鉛筆は破片にしたら「木のクズ」に名前が変わるよね。
でも、チョークは破片にしてもチョークのままだし、
服にちょっと粉がついてても「チョークがついてるよ」って言うもんね。

15

一方、鉛筆の破片が服についてても、
「わお！鉛筆つけてオシャレさんじゃん！」とは言わないでしょ!?

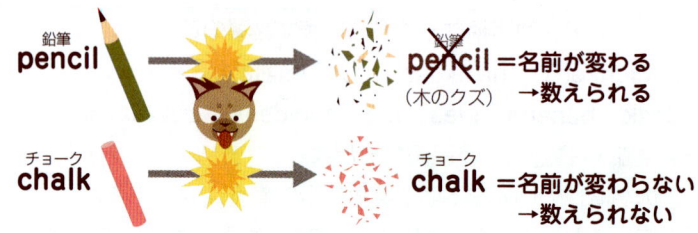

この chalk のように、**どんなに小さく、少量にしても名前が変わらない名詞は数えることができない**というのが基本だからね。

※ちなみに、この考え方ができる名詞を「物質名詞」と呼ぶこともあるよ（例：water〔水〕、wood〔木〕、air〔空気〕、bread〔パン〕、paper〔紙〕、money〔お金〕など）。

名詞は単数形・複数形を常に意識しましょう！

さて、ここまでは大丈夫!?　ここからが本番！
頑張ってついてきてよ！　では、次は動詞にいってみよう！

2 動詞

動詞って何かわかる？
答えは「**主語の動きや状態を表す言葉**」のことなんだ。▼
例えば、run（走る）、sleep（眠る）、act（行動する）、live（住んでいる）のような言葉だね。
ちょっと動詞の例を見てみようか。

例文 1

Mop played with Bean yesterday.
▶モップは昨日ビーンと遊んだ。

補講　▶ 主語とは文の主人公のこと！
主語とは、日本語にしたときに「〜は」や「〜が」にあてはまる、その文の**動作の主**のことなの。例えば、「私は勉強する」は「私は」が主語で、「あなたが行く」は「あなたが」が主語になるわね。**名詞だけが主語になれるのよ。**

この文の主人公（主語）は「Mop（モップ）」という名前のキツネで、
行動は「played（遊んだ）」だよね。
このように、主人公の動き（や状態）を表す言葉を動詞というんだよ。
英文を読んだり書いたりするときは、
主人公が何をしたのかというのが一番大事になってくる。
だから、英文を読むときは、動詞に注目することが大事になるから、
これシッカリ覚えておいてね。
動詞に関しては第1・2講でみっちりやるのでお楽しみに！

さあ、だんだん調子が出てきた頃じゃない？
この調子で**形容詞（けいようし）**も征服しちゃおうか！

3 形容詞

実はこのへんから「？？？？？」となる人がムチャクチャ多い！
でも大丈夫！　あと5分後にはシッカリ理解できてるからね！
形容詞っていうのはね、**名詞を飾る（説明する）言葉**のことなんだ。
名詞を飾ることを粋な言葉でいうと、名詞を**修飾する**ともいうよ。
例えば、large（大きい）、small（小さい）、happy（幸せな）、beautiful（美しい）、merry（陽気な）、important（重要な） などが
形容詞だね。
…ところで、名詞を飾る（説明する）ってどういうことだろう？

例　large planet（惑星）

この例を見てみると、planet が名詞だっていうのはわかるよね。
じゃあ、planet の前にある large は何だろう？って考えてみて。
この large は、名詞の planet が「一体どんな planet なのか」、
ということを**説明している**でしょ!?
一言で「planet」といっても、
large planet（大きい）や small planet（小さい）もあるし、
さらには blue planet（青い）なんてのもある。
だから、ただ「planet」って言われても、どんな「planet」なのか、
色々ありすぎていまいちピンとこないよね。

そんなとき、
「planet は planet でも、large planet だよ！」
というふうに、形容詞は名詞を説明して、
相手に具体的なイメージを伝える働きをするわけだね。

このように、**名詞の性質や状態を説明する言葉**を形容詞というんだね。

さ、ここまではいいかな？
次が最後の品詞、**副詞**だよ！
これが終わったら、いよいよ本格的な授業に入っていくからね！

4 副詞

副詞は**名詞以外**を飾る（説明する）言葉のこと。
名詞以外っていうのは、**動詞・形容詞・（他の）副詞・文全体**などのことだけど、とりあえず「**名詞以外**」と覚えた方が簡単だよね。
飾る（説明する）ってことの考え方は形容詞と同じ。
ただ、形容詞は名詞を飾ったけど、
副詞は**名詞以外**を飾るってところがポイントになるからね。
例えば、**very**（とても）、**fast**（速く）、**often**（しばしば）、**always**（いつも） などが副詞だよ。

例 very beautiful mountain （美しい 山）

この例を見てみると、**mountain** が名詞だね。
で、**beautiful** はその **mountain** を飾っているから、形容詞だよね。
それでは、**very** は何を飾ってる？
… mountain ？
そうそう、**very** は **mountain** を飾って「とても→山」って……
それじゃあ意味わかんねーでありますセンパイ !!!（泣）
もちろん、**very** は **beautiful** という**形容詞**を飾って、

18

「とても→美しい→山」となってるんだよね。

very beautiful mountain（とても美しい山）
　　↑説明　　↑説明

ただ「美しい」のではなくて、「とても→美しい」。
very は **beautiful** がどの程度 **beautiful** なのかを説明しているわけだね。
ということで、名詞以外（ここでは形容詞）を飾っているから、
very は副詞ってことになるんだ。バッチリ？

※副詞の入る位置がよくわからない人は巻末資料4（☞P.222）へ Go！

ちなみに、この名詞・動詞・形容詞・副詞以外には、
次のような品詞もあるよ。

品詞名	単語の例
代名詞	I, you, he, she, they, it
冠詞	a, an, the
前置詞	to, for, in, on, at, of, from
助動詞	can, may, must, should
接続詞	and, or, but
間投詞	oh, wow, hi, hey

ただ、品詞は色々あるけど、一番大事なのはやっぱり
「**名詞・動詞・形容詞・副詞**」の4つだからね。
なぜ4つの品詞が大事かというと、
前置詞は**形容詞**や**副詞**のカタマリを作ったり、
接続詞は**副詞**や**名詞**のカタマリを作ったりと、
結局すべて名詞・動詞・形容詞・副詞の4つに分けることができるから
なんだ。（詳しいことはこのあとの授業でやるからね）

というわけで、かなりハイスピードで片づけたけど、
ちゃんとこの基本の4つの品詞が頭に入ったかどうか、
次のページの CHECK問題で確認してみようか！

第0講 CHECK問題

第0講のまとめ

- ★**名　詞**…人やモノや事柄の名前を表す言葉
- ★**動　詞**…主語の動きや状態を表す言葉
- ★**形容詞**…名詞を飾る（説明する）言葉
- ★**副　詞**…名詞以外を飾る（説明する）言葉

問1 次の名詞が数えられる名詞なら①、数えられない名詞なら②と答えなさい。

- ☐ 1　freedom
- ☐ 2　paper
- ☐ 3　statue
- ☐ 4　water
- ☐ 5　rabbit

問2 次の英単語の品詞を、下の選択肢①～④から選びなさい。
　　　①名詞　②動詞　③形容詞　④副詞

- ☐ 6　marry
- ☐ 7　careful
- ☐ 8　receive
- ☐ 9　peace
- ☐ 10　museum
- ☐ 11　politely
- ☐ 12　depend
- ☐ 13　finally
- ☐ 14　important
- ☐ 15　automobile

解答・解説

ここがポイント！

peace（平和）、advice（忠告）、information（情報）などのように、具体的な形がなく、抽象的な概念の名前を表す名詞を**抽象名詞**というんだ。抽象名詞は具体的な形がないから数えることはできないよね。

- ☐ **1** 正解＝② ★「自由」という抽象的な概念なので数えられない。
- ☐ **2** 正解＝② ★「紙」は小さくやぶっても名前が変わらない物質なので数えられない。
- ☐ **3** 正解＝① ★「彫像」は「1体、2体」と数えることができる。
- ☐ **4** 正解＝② ★「水」は少量でも大量でも名前が変わらない物質なので数えられない。
- ☐ **5** 正解＝① ★「ウサギ」は「1羽、2羽」と数えることができる。
- ☐ **6** 正解＝② ★「〜と結婚する」という**行動**なので動詞。
- ☐ **7** 正解＝③ ★「注意深い→人」のように**名詞を飾る**ので形容詞。
- ☐ **8** 正解＝② ★「〜を受け取る」という**行動**なので動詞。
- ☐ **9** 正解＝① ★「平和」は抽象的な概念の**名前**なので名詞。
- ☐ **10** 正解＝① ★「博物館」はモノ（建物）の**名前**なので名詞。
- ☐ **11** 正解＝④ ★「丁寧に→話す」のように**名詞以外を飾る**ので副詞。
- ☐ **12** 正解＝② ★「頼る」という**行動**を表すので動詞。
- ☐ **13** 正解＝④ ★「ついに→終わる」のように**名詞以外を飾る**ので副詞。
- ☐ **14** 正解＝③ ★「重要な→書類」のように**名詞を飾る**ので形容詞。
- ☐ **15** 正解＝① ★「自動車」というモノの**名前**なので名詞。

第1講 動詞①
～ be 動詞と一般動詞の区別～

いよいよ本格的な授業開始！
この講では「動詞」を
シッカリと理解していこう！

今回の主役
be動詞と一般動詞

英文の型（英語の並び方）にはいくつかのパターンがあるけど、
そのパターンは、「動詞が何か」で決まることが多い。
動詞は英文の型を決めるという重要な働きをしているんだよ。
つまり「動詞がわかる＝英語がわかる」と言っても過言じゃないよね！
動詞とは主語の動きや状態を表す言葉のことで、
大きく **be動詞** と **一般動詞** の２つに分けることができるんだよ。
まずは be動詞からいってみよう。

1 be動詞

be動詞とは、**be**、**am**、**is**、**are**、**was**、**were**、**been** の７つのこと。
主語と be動詞の直後にある名詞や形容詞は主語と**イコールの関係**だよ
とボクたちに教えてくれたり、**主語の存在**を表したりと、
色々な場面で大活躍する動詞なんだよね。
例文１を見てみよう！

例文１

I **am** a high school student.
▶私は高校生です。

この文の動詞は？　…そう、**am** だよね。
am は be動詞だから、主語 I と後ろの名詞 a high school student はイコールですよってことになるんだ。

　　I am a high school student.
→　I ＝ a high school student.

「私＝高校生」なので、「私は高校生**です**」という感じになるわけだね。
このように、be動詞は**イコールの関係**を表すので、
「**〜です**」「**〜である**」などと訳されることが多いんだね。
いい？　じゃ、次。例文2を見てみよう！

例文2

Rabi and Rose are happy.
▶ラビとローズは幸せです。

この文の動詞は？　…そう、**are** だよね。
そして、**are** も be動詞だから、主語 Rabi and Rose と後ろの形容詞 **happy** はイコールの関係！
つまり、「ラビとローズ＝幸せ」となるわけだね。
はい、次。例文3を見てみよう！

例文3

Her school is near the station.
　　　　　　　　〜の近くに
▶彼女の学校は駅の近くにある。

この文の動詞は **is** だね。**is** も be動詞だったよね。
…ということは、主語 **Her school** と後ろの語句 **near the station** はイコールです……かな？？？
いや、今回は「学校（＝建物）」と「駅の近く（＝位置）」はイコールじゃないよね。こういう場合の be動詞は、**主語の存在**を表すと考えておこう！
つまり、「（主語は）（〜に）**ある**［**いる**］」という感じだね。▼

▼「There is 名詞＋場所．」も存在を表す！
「There is［are］単数［複数］名詞＋場所．」の形の文は、「場所に〜が**ある**［**いる**］」と訳す重要表現。これも覚えておいてね！
There is a book on the desk.　　（机の上に本がある。）
There are two dogs in the room.（部屋に犬が2匹いる。）

だから、「彼女の学校は駅の近くに**ある**。」
という訳になっているんだね。
ちなみに、be動詞は主語によって色々と形が変わるからね。
これは超基本事項＝超重要事項なのでシッカリ頭に入れておこう！

※ be動詞の活用がよくわからない人は巻末資料5（☞P.222）へ Go！

さあ、それでは be動詞が頭に入ったところで次にいってみよう！

2 一般動詞

一般動詞というのは、jump（跳ぶ）、talk（話す）、watch（見る）、touch（さわる）のような、
be動詞以外の動詞のことだよ。
例文4を見てみよう！

例文4

Ishida runs to the theater.

▶ 石田は劇場に走る。

この文の動詞は？　…そう、**runs** だよね。
…ということは、この文の主語は「Ishida」で、
行動は「**走る**」だということがわかるよね。
日本語に訳す場合は、最初に主語を「〜は」や「〜が」と訳し、
最後に動詞を訳すとうまく訳せることが多いからね。▼
1つの文に動詞は1つしか使えないという点も覚えておいてね。

あと、ここではもう1つ気づいてほしいことがあるんだよね。
それは、おや！？　**run** という一般動詞に **s** が付いている！
ミスプリ？　ということなんだけど……気づいてた？？？
（ちなみに、ミスプリではない）
一般動詞は、主語が3人称・単数で、現在の話をしているとき、

▼ 英語では伝えたいことのメインを最初に言う！

日本語では「（S が）〜する［した］」という述語（V）の部分は**最後**に言うことが多いよね。でも、英語では「**誰がどうした**」という「**S V**」を最初にハッキリと言うのよ。話のメインを最初にビシッと伝えて、それから細かいことを話す、という感じね。

3人称・単数・現在（3単現）の s というのを付けちゃうんだよね。
① **3人称**というのは、I、we、you 以外の名詞や代名詞全部のこと。
② **単数**とは、1人とか1個のこと。数えられない名詞も単数扱い。
③ **現在**とは、「今現在」のお話ってこと。

この①～③すべての条件を満たす名詞や代名詞が主語になったときは、一般動詞の語尾に s を付けるのが基本だからね。

例 　A dog run. → A dog run**s**.
　　Two dogs run. → Two dogs run.（主語が複数なので s は付かない！）
　　You run. → You run.（主語が3人称ではないので s は付かない！）
　　※この3単現の s の付け方は巻末資料6（☞P.223）を見てね！

では最後に、例文5を見てみよう！

例文5
Bean want<u>ed</u> a new car.
▶ビーンは新しい車を欲しがっていた。

この文の動詞は？
…オッケー、**wanted** だね。
ところで、want（欲する）という一般動詞は ed で終わっているよね!?
実は、一般動詞が ed で終わっている形を**過去形**といって、
今よりも前（過去）の事柄を表すときに使うんだよね。
日本語では、現在の文を過去の文にするとき、
「欲しがっ<u>ている</u>→欲しがっ<u>ていた</u>」のように動詞の語尾を変えるよね。
英語も同じように、過去の文にしたいときには、
「want → want**ed**」のように、
動詞の語尾を ed で終わらせ、過去形にしてあげるんだよ。
過去のことを言う場合には、相手に「この話は過去の話なんだよ～ん」
とシッカリと伝えるためにも、動詞を過去形にしなきゃダメなんだね。
　　※動詞の過去形の作り方があいまいな人は巻末資料8（☞P.224）へ Go！

さて、動詞の超基礎をやったわけだけど、ちゃんと頭に入ったかな？
それではさっそく CHECK 問題で確認してみよう！

第1講 動詞①

CHECK 問題

第1講のまとめ

★ **be動詞**… ①be動詞の 左側の語句 と 右側の語句 は**イコールの関係**
　　　　　　②**主語の存在**を表す（〔～に〕**ある[いる]**）
★ **一般動詞**… be動詞**以外**の動詞のこと。be動詞と区別しよう！
　　　　　　※3単現の s と過去形（-ed）にも注意！

問題 空所に最も適する語の番号を選びなさい。

☐**1** I (　　) very hungry now. I want something to eat.
　　① am　　② is　　③ are　　④ was　　⑤ were

☐**2** My brother (　　) us an old album last week.
　　① show　　② shows　　③ showed　　④ is　　⑤ was

☐**3** There (　　) a big tree on that hill five years ago.
　　① am　　② is　　③ are　　④ was　　⑤ were

☐**4** Jessie (　　) English every day.
　　① is　　② was　　③ study　　④ studies　　⑤ studying

☐**5** Ms. Smith (　　) us math last year.
　　① teach　　② teaches　　③ teached　　④ taught　　⑤ be

解答・解説

ここがポイント!

「now」や「everyday」は今を表すから、文の動詞は現在形にする。「last ～」や「～ ago」は過去を表すから、文の動詞は過去形にするからね。

□**1** 正解＝① （訳：私は今、非常に空腹です。私は何か食べるものが欲しい。）
★Ⅰが主語なので①か④が入る。そして、文の最後にある now で「今」の話だとわかるから、現在形の①が正解。

□**2** 正解＝③ （訳：私の兄は先週、私たちに古いアルバムを見せた。）
★文の最後の last week で「過去」の話だとわかるから、答えは③か⑤。「私の兄＝私たち」ではないので、⑤（be動詞）ではない。一般動詞の過去形である③が正解。

□**3** 正解＝④ （訳：5年前、あの丘には大きな木があった。）
★「There is 単数名詞＋場所.」（場所に～がある［いる］。）という重要表現。文の最後に five years ago があるので、is の過去形 was が入る。

□**4** 正解＝④ （訳：ジェシーは毎日英語を勉強している。）
★Jessie（3人称・単数）が主語。文の最後に every day があるので、「今現在、毎日英語を勉強している」とすればよい。よって、**3単現**の s が付いた一般動詞の④が正解。

□**5** 正解＝④ （訳：スミスさんは昨年、私たちに数学を教えてくれた。）
★文の最後に last year があるので「過去」の話だとわかる。teach は teach － taught － taught という不規則変化をする動詞（☞P.225）なので、③ではなく④が正解。

第2講 動詞②
～be動詞・一般動詞の否定文と疑問文～

今回は、第1講の続きで、「否定文」や「疑問文」の作り方をマスターしていこう！

今回の主役
be動詞・一般動詞の
否定文と疑問文

実は、今までやってきたのは「～です」「～する」のような肯定・断言の意味をもつ**肯定文**という文だったんだよね。
今回は、「～ではない」「～しない」のような打消の意味をもつ**否定文**と、「～ですか？」「～しますか？」など、問いかけの意味をもつ**疑問文**をマスターしちゃおう。
今回も be動詞・一般動詞を区別して考えることが大事だよ。▼

1 be動詞を含む文の否定文

文の中に be動詞（am、is、are、was、were）があり、その文を「～ではない」「～ではなかった」という意味の否定文にしたいときは、**その be動詞の直後に not を置けばいい**んだよ。
例 am not、is not、are not、was not、were not
これらは短縮して、isn't、aren't、wasn't、weren't という形にすることもできるからね。
例文１を見てみよう！

▼ 否定文・疑問文の作り方が違うから
be動詞の文と一般動詞の文とでは、否定文・疑問文の作り方が違うの。だから、否定文や疑問文を作るときは、まず最初にその文が「be動詞の文」なのか「一般動詞の文」なのかをシッカリ区別しなきゃいけないのよね。

> 例文1
>
> She is not his daughter.
> ▶彼女は彼の娘ではない。

この文は、**is** の後ろに **not** が置いてあるので、
「**～ではない**」という否定文になっているね。
このように、be動詞の直後に **not** を付ければ否定文の完成だよ。
ちなみに、主語が「**I**」だったら、
「**I am not his daughter.**」になるし、▼
もし主語が「**They**」だったら、
「**They are not [aren't] his daughters.**」になるよね。
be動詞は主語に合わせて使い分けが必要だからね。
じゃ、次は be動詞の疑問文をやってみようか。

2 be動詞を含む文の疑問文

be動詞を含む文を「～ですか？」「(～に) ありますか？」という意味の
疑問文にしたいときには、be動詞を主語の前 (文頭) にもっていき、
文の終わりに「**?** (クエスチョンマーク)」を付ければ完成！
簡単でしょ？ 例文2を見てみよう！

> 例文2
>
> Are they junior high school students?
> ▶彼らは中学生ですか？
> ──Yes, they are. / ──No, they aren't.
> ▶──はい、そうです。/ ──いいえ、違います。

最初の文は **they** という主語の前に **Are** (be動詞) があって、
文の最後に「**?**」が付いているので、

▼「I am not」の短縮形は「I'm not」

「I am not」の短縮形は「I'm not」でしゅ。「I amn't」だと思ったら大マチガイでしゅよ！ そんな形はふつうは使いましぇん！
 I am not his daughter.
= I'm not his daughter. (amn't とはしないように！)

「～ですか？」という意味の疑問文だとわかるよね。
この文には are という be動詞が入っているので、
are を主語の前に出し、文の最後に「？」を付けて疑問文にしたんだよ。
　　●もとの文：They are junior high school students.
　　●疑問文　：Are they junior high school students?

そしてムチャクチャ注意したいところは、疑問文に対しての答え方！
英語は**聞かれたもので答える**のが基本！
今回は be動詞で聞かれているので、be動詞を使って答えるのが原則！
だから、「Are they junior high school students?」と聞かれて、
「はい、中学生です。」なら「Yes, they are.」、
「いいえ、中学生ではありません。」なら「No, they aren't.」
と答えればいいからね。

3 一般動詞の否定文

次は、「～しない（～しなかった）」という意味の、
「一般動詞の**否定文**」にいってみよう！
一般動詞の否定文の作り方は超簡単！
　　❶一般動詞の直前に do not ［does not ／ did not］を置く！
　　❷一般動詞を原形（V原）にする！▼
これで完成。
これも縮めて don't ［doesn't ／ didn't］と言うこともできるよ。
be動詞の否定文とシッカリ区別していこう！

> **POINT**
> **否定文の作り方**
> be動詞の否定文の作り方　　：S is ..... → S is not .....
> 一般動詞の否定文の作り方：S V ..... → S do not V原 .....

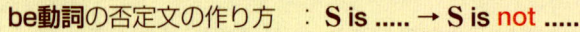
▼一般動詞の原形＝V原

原形というのは、語尾に s も ed も付いていない動詞の形（つまり辞書に載っている、時間を伝えない形）のことでしゅ。この本では一般動詞の原形を「V原」という記号で表しているんでしゅね。ちなみに be動詞の原形は「be」でしゅよ。

じゃ、例文3を見てみよう！

例文3

My parents do not［don't］live in New York.
▶私の両親はニューヨークに住んでいません。

この文は、**live** という一般動詞の前に **do not**［**don't**］があるので、「〜しない」という意味の否定文だよね。
今回は主語が複数名詞なので **don't** を使っているけど、**主語が3人称・単数・現在のときは doesn't を使う**からね。
あと、「**過去**」の否定文を作るときには、**didn't** を使うよ。

例　My parents didn't live in New York ten years ago.
▶私の両親は10年前ニューヨークに住んでいなかった。
※一般動詞は原形（s や ed などは付かない！）になることにも注意！

4　一般動詞の疑問文

一般動詞の文を「〜しますか？（〜しましたか？）」という意味の疑問文にしたいときは、次のように文を作り変えよう。

❶**主語の前に do［does ／ did］を付ける！** （文頭の d は大文字の D にする）
❷**一般動詞を原形（V原）にする！**
❸**文の最後に「?」を付ける！**

これだけで完成！▼

例文4

Does your school start at 8:30?
▶あなたの学校は8時半に始まりますか？
——Yes, it does. ／ ——No, it doesn't.
▶——はい、始まります。／——いいえ、始まりません。

▼ この do は助動詞（※助動詞は第6講でやるよ）

can や **must** などは、動詞と一緒に登場して文に意味を添える助動詞だよね。この **do** も実は助動詞で、動詞と一緒に登場して「疑問文や否定文を作る」という働きをするわけ。これら助動詞のあとの動詞は必ず原形になるのよ。

この文は your school という主語の前に Does があって、
文の最後に「**?**」が付いているので、
「〜しますか？」という疑問文だよね。
　　●もとの文：Your school start**s** at 8:30.
　　●疑問文　：**Does** your school start at 8:30**?**
この文は主語が3人称・単数で、現在の話をしているので、
Do ではなく、**Does** を使ってるね。
3人称・単数・現在なら **does** を使い、それ以外の現在は **do** を使い、
過去のお話には **did** を使うというポイントも忘れちゃダメだよ！

それから、答え方にも注意すること！
英語は**聞かれたもので答える**というルールがあるから、
do、**does**、**did** で聞かれたら、
同じ **do**、**does**、**did** で答えなくちゃね！
あと、答えるときは your school を「Yes, it does.」のように **it** という**代名詞**に置きかえるのを忘れないように！▼

5 疑問文と肯定文と否定文

さあ、今まで「…文」「…文」と色々な文がブンブンとうるさく出てきたけど（苦笑）、ちゃんと整理できた？
…う〜ん、もう少しって感じかな!?（ボクのギャグセンスも…）
というわけで、ここでキッチリと整理しちゃいましょう！
まず最初に、文の種類には「**ふつうの文**」と「**疑問文**」があると覚えて。
ふつうの文というのはね、要は第0講からずっとやってきたような、
疑問でも命令でもなく、**単に情報を伝えるための文**のこと。
つまり、主語（**S**）+ 動詞（**V**）の語順で、
ふつうにピリオド（.）で終わる文のことだよ。

▼ 代名詞は名詞の代わり！

代名詞というのは、その名のとおり「名詞の代わりをする言葉」のこと。**it**（それ）とか、**he**（彼), **that**（あれ）などが代名詞よね。
例文4では、「**your school**」を2回もくり返すのはクドイので、代わりに **it** という代名詞が使われているのよ。

例　Mop played with Bean yesterday.
　　They are junior high school students.
　　Your school doesn't start at 8:30.

上の例は全部、ふつうの文だね。
疑問文というのはさっきやったからわかるよね。
でね、ここポイント！　この**ふつうの文と疑問文の両方**に、
「肯定文」の形と「否定文」の形があるわけなんですよ、奥さま。
疑問文にも「否定文」の形があるってとこに気をつけてね。

例　**Does**n't **your school start at 8:30?**
　　▶あなたの学校は8時半に始まら**ない**のですか？

つまり、整理すると下の表みたいに区別できるんだ。
この講の復習もかねて、ちょっと見てみて！

●文の種類

		肯定文	否定文
ふつうの文	be動詞	He **is** a teacher. （彼は先生です。）	He **is** **not** a teacher. （彼は先生ではない。）
ふつうの文	一般動詞	He **studies** English. （彼は英語を勉強する。）	He **does not** **study** English. （彼は英語を勉強しない。）
疑問文	be動詞	**Is** he a teacher? （彼は先生ですか？）	**Isn't** he a teacher? （彼は先生ではないのですか？）
疑問文	一般動詞	**Does** he **study** English? （彼は英語を勉強しますか？）	**Doesn't** he **study** English? （彼は英語を勉強しないのですか？）

いいですかな!?　文の種類には、ふつうの文・疑問文の他に、
命令文や感嘆文などもあるわけだけど、
それは第10講（☞P.96～）でビシッとやるからね。
それでは、第2講のCHECK問題、いってみよう！

第2講 動詞②

CHECK問題

第2講のまとめ

★ be動詞の**否定文** → be動詞 + **not**
★ be動詞の**疑問文** → be動詞 S ..... ?
★ 一般動詞の**否定文** → do [**does/did**] **not** + V原
★ 一般動詞の**疑問文** → Do [**Does/Did**] S V原 ..... ?

問題 空所に最も適する語句の番号を答えなさい。

☐ 1 Does her brother cook well?
　　　── Yes, he (　　　).
　　　① is　　② was　　③ does　　④ did

☐ 2 James (　　　) TV yesterday.
　　　① didn't watch　　② didn't watched
　　　③ wasn't watch　　④ wasn't watched

☐ 3 (　　　) you busy last night?
　　　① Did　　② Do　　③ Were　　④ Are

☐ 4 I (　　　) a science teacher now.
　　　① don't　　② didn't　　③ am not　　④ wasn't　　⑤ amn't

☐ 5 (　　　) this bus go to Tokyo?
　　　① Do　　② Does　　③ Am　　④ Is　　⑤ Are

解答・解説

ここがポイント！

★疑問文は、be動詞で聞かれたら be動詞で答えろ！
do、does、did で聞かれたら do、does、did で答えろ！
★1つの文の中では、動詞は1回しか使うことができない！

□**1** 正解＝③ （訳：彼女の兄は料理が上手ですか？
——はい、上手です。）
★ does で聞かれているので、does を使って答える。Yes の後ろの主語が he（3人称・単数）なので、間違いなく正解は③。

□**2** 正解＝① （訳：ジェームズは昨日テレビを見なかった。）
★1つの文の中では動詞は1回しか使えないので、be動詞と一般動詞が一緒にいる③・④はダメ。didn't の後ろは動詞の原形になっていないとダメなので、①が正解。

□**3** 正解＝③ （訳：あなたは昨夜忙しかったのですか？）
★問題文には動詞がないので、be動詞の疑問文と考えられる。また、文の最後に last night があるので過去の文とわかる。よって正解は③。be ＋ busy（忙しい）のようにセットで覚えておこう。

□**4** 正解＝③ （訳：私は今、理科の先生ではありません。）
★問題文には動詞がないので、空所には③、④、⑤のどれかが入る。文末に now があるので現在の文。よって正解は③。⑤の amn't という形は使わないのが基本！ 「I am not」の短縮形は「I'm not」。

□**5** 正解＝② （訳：このバスは東京に行きますか？）
★問題文には go という一般動詞があるので、①か②のどちらかが入る。主語は this bus という3人称・単数の名詞なので正解は②。

第3講 基本5文型
~英語の並び方~

いよいよ基本5文型だよ！
これを押さえずして
俺たちの時代は来ないよね！

今回の主役
S（主語）　　V（動詞）
O（目的語）　C（補語）

英語は「主語（S）＋動詞（V）」の後ろに5つの型をとるのが基本！
つまり**英語の表現パターンは、基本的に5つの並び方**ということだね。
それを**基本5文型**っていうんだけど、この5つの型というのは、
なんと、なななんと、動詞が決めているらしい!!!
「動詞によって文が決まる。」
わお、動詞、超スゲー！　動詞、超クール！
だからこそ、動詞はシッカリおさえないとね。
・・・ということなので、・・・つ、ついに来ましたか・・・、
自動詞と他動詞の話をするときが!!!!!

1 自動詞

実は、一般動詞って、自動詞と他動詞に分けることができるんだよね。
で、自動詞っていうのは、最初は「**主語が自分だけでできる動作**」だと
考えておくとわかりやすいかな。
例文1を見てみよう！

例文1

Ishida walks.
▶石田は歩く。

この文では、**walks** が動詞だよね。そしてこの **walks** は自動詞。
walks は主語の **Ishida** だけいればできる動作だからね。
このように、主語だけでその動作ができる動詞を自動詞っていうんだよ。

2 他動詞

他動詞っていうのは、**主語以外に、他の人やモノなどが必要になってくる動詞**のことだよ。例文2を見てみよう！

例文2

I love Mop.
▶私はモップを愛している。

この文では、**love** が他動詞。
自動詞のように、**I love.**（私は愛している。）で終わったら、
誰を愛しているのかサッパリわからなくて、文が完成しないよね。
この **love** のように、動詞の後ろに「〜に」や「〜を」にあたる名詞（**目的語**）がないと文が成り立たない動詞を他動詞っていうよ。
例文2でも、**love** という動詞の後ろに「〜を」にあたる **Mop** という名詞がいることによって、「私は**モップを**愛している。」のように、
ちゃんと意味のわかる完全な文になるわけだね。

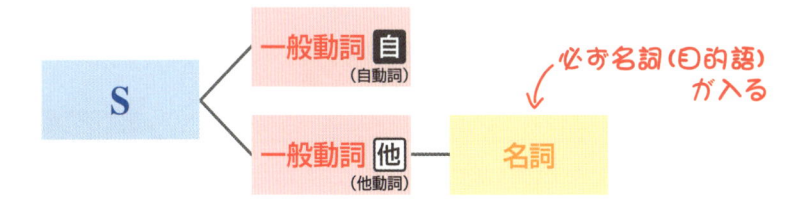

```
          ─ 一般動詞 自
         │      （自動詞）          必ず名詞（目的語）
    S ───┤                              が入る
         │                           ↓
          ─ 一般動詞 他 ─────── 名詞
                （他動詞）
```

いい？　では、いよいよ基本5文型にいってみましょうか！

補足　自動詞と他動詞
自動詞…直後に直接**名詞（目的語）**を置くことができない動詞。
他動詞…直後に直接**名詞（目的語）**を置かなければいけない動詞。

3 第1文型：S ＋ V(自)

例文3

Birds fly.
▶鳥は飛ぶ。

この文は、**Birds** という**主語**と、
fly という**自動詞**で文が成り立っているよね。
このように文の要素が **S** と **V** だけの文を**第1文型**というんだよ。

```
   S ─── be動詞 ─────── M      第1文型
       ─── 一般動詞 自 ───         SV
```
※be動詞は「存在（〔～に〕いる[ある]）の意味の場合のみ

「**S** になれるのは**名詞**だけ。**V** になれるのは**動詞**だけ。」
というルールを呪文のように何度も唱えて、絶対に覚えておこう！
ちなみに、**V** の後ろに副詞や「前置詞＋名詞」などの言葉がくる場合も
多いけど、これらは単なる修飾語（**M**）。修飾語は省略可能なので、修
飾語があってもなくても文型は第1文型（**SV**）だから間違えないでね。

例　Birds fly fast.　　　→第1文型（SV）の文
　　Jim is in the park.　→第1文型（SV）の文

4 第2文型：S ＋ V(自) ＋ C

例文4

My sister became a painter.
▶私の姉は画家になった。

注意　SVOC が一目でわかるように色分けしました！
S …水色は**主語**。**名詞**（**代名詞**）だけが主語になる。
V …桃色は**動詞**。be動詞と一般動詞の2種類がある。
O …黄色は**目的語**。**名詞**だけが目的語になる。
C …緑色は**補語**。**名詞・形容詞**だけが補語になる。

このように、動詞の後ろに主語と**イコール関係**の名詞・形容詞（**補語 C**）を補って完成させた文を**第2文型**というよ。
この第2文型の場合、必ず $S = C$ という関係になるのがポイント！
例文4の My sister（S）と a painter（C）は同一人物だよね。
第2文型を作る動詞は、**be動詞**か**自動詞**。▼
これらの動詞がある文は、$S = C$ という関係になるんだ。

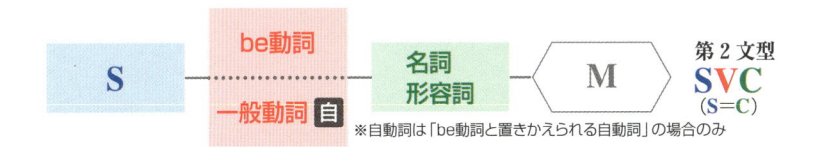

```
S ─ be動詞 ─ 名詞       第2文型
   ─ 一般動詞自 ─ 形容詞 ─ M   SVC
                              (S=C)
```
※自動詞は「be動詞と置きかえられる自動詞」の場合のみ

「**C になれるのは名詞と形容詞だけ。**」
というルールを何度もつぶやいて、絶対に覚えておこう！
ちなみに、動詞の後ろに**形容詞**があったら必ず第2文型 **SVC** だよ。

5 第3文型：S + V(他) + O

例文5

My aunt bought a magazine.
▶私のおばは雑誌を買った。

「My aunt bought.」で文が終わっちゃったら、
「何を買ったんだよ!?」ってツッコミを入れたくなっちゃうよね。
つまり bought（buy の過去形）は他動詞なので、
後ろに名詞（**目的語＝ O**）がこないとダメ。
そこで、他動詞の後ろに a magazine のような「〜を」にあたる**名詞**
（**目的語**）をもってきて完成させた文を**第3文型**というよ。
そして、第2文型 **SVC** との決定的な違いは、

▼ 第2文型をとる自動詞の例：become〔〜になる〕／ look, seem〔〜に見える〕／ feel〔〜と感じる〕／ keep〔〜のままでいる〕。これらの動詞は「$S = C$」を作る自動詞だから、be動詞と置きかえても文が成り立つナリ。
例：**My sister was a painter.**

S の My aunt と O の a magazine が
同一人物ではないというところにある！
SVC は S ＝ C だけど、SVO は S ＝ O ではないからね!!
あと、第2文型の V は自動詞［be 動詞］だけど、
この第3文型の V は他動詞っていうところも違うよね！

```
S ── 一般動詞 他 ── 名詞 ── M    第3文型
                                  SVO
```

「O になれるのは名詞だけ。」
というルールはくり返しさけんで絶対に頭にたたきこんでおくこと！

6 第4文型：S ＋ V(他) ＋ O₁ ＋ O₂

例文6

My uncle gave me a watch.

▶おじは私に腕時計をくれた。

さて、例文6は、他動詞の後ろに me と a watch という2つの名詞が
並んでいるよね。
第4文型とは、主語以外にも名詞が2つ出てくる文のことなのだ！
例文6でも、主語の My uncle の他に、
me と a watch という名詞が2つ出てきているよね。
例えば「My uncle gave.」のように、
他動詞で終わっちゃうと文が完成しないので、
動詞の後ろに名詞（目的語 O）を2つ、
「～に」「～を」の順番でもってきたわけだね。
「S は V する、O₁ に O₂ を」のような語順になるんだ。

第4文型をとる動詞は限られているんだヒョ！

第4文型をとる動詞は多くない。まずはこれを覚えまヒョ！
☐ give（～に～を与える）   ☐ show（～に～を見せる）
☐ pay（～に～を支払う）   ☐ teach（～に～を教える）
☐ tell（～に～を言う）   ☐ buy （～に～を買ってあげる）

「S + V +〜に+〜を」の順番で覚えておこう。
「S V にを！」「S V にを！」と何度も唱えていれば覚えられるからね！
動詞の後ろに名詞が2つ並んでたら第4文型か？と疑うようにしよう。

| S | — 一般動詞 他 — | 名詞 | — | 名詞 | 第4文型 **SVOO** |

7 第5文型：S + V(他) + O + C

例文7

She made me sad.
▶彼女は私を悲しませた。

この文は、動詞の後ろに me sad と2つの単語が並んでるね。
sad(悲しい)は形容詞だから、第4文型 SVOO ではないっぽい。
一瞬「なんだこりゃ？」って思っちゃうよね。
でも、じっくり見てみて。
この sad は、直前にある me の状態を説明してるでしょ。
me の状態が sad だと説明している（me = sad）。
つまり、**O = C** の関係が成り立っているんだ。
こういう **SVOC（O = C）**という文の型を**第5文型**というわけです。
訳し方のイメージとしては、
「**S は、"O = C" という状態を V する**」という感じかな。▼
例文7は、「彼女は "**私=悲しい**" という状態にした」的な意味だよね。

例 **My grandfather named me Hideki.**
　　▶祖父は私をヒデキと名づけた。

これも「**me = Hideki**」だから、第5文型だね。

▼ 第5文型をとる動詞は要注意サ！

☐ make O C：OをCにする
☐ name O C：OをCと名づける
☐ keep O C：OをC（の状態）に保つ
☐ leave O C：OをC（の状態）のままにする［放っておく］

あと、第5文型では、**O** の後ろに **C** として名詞がくることもあるんだ。
そんなとき第4文型 **S V O₁ O₂** と間違えてしまう人が多いんだけど、
第4文型の **O₁** と **O₂** にはイコール関係が成立しないよね（**O₁ ≠ O₂**）。
そこが第5文型（**O = C**）との違いだから、シッカリ区別しようね。

S ── 一般動詞 他 ── 名詞 ── 名詞 形容詞 etc　第5文型 **SVOC** (O=C)

どう？　だいたいわかった？
細かいところは CHECK 問題で身につけてほしいんだけど、
その前にあと 2 つやっておきたいんだよね。
それは、**冠詞**さんと**前置詞**くんのお話。

8 冠詞

冠詞っていうのは a[an] と the の 2 つのことで、
こいつらは「後ろに名詞が出てくるぞ！」っていう合図なんだ。
そして、**名詞のカタマリを作る**という超重要な働きもしているんだよ。

例　**Billy** asked me **a silly question.**
　　▶ビリーは私にバカな質問をした。

この文は第何文型かわかるかな？
そう、「**SVOO**」の第4文型だよね。
この **a silly question** が **O** のカタマリになっていることからもわかる
ように、「**a[an]** と **the** は、後ろに出てくる名詞までを**名詞のカタマリ**
として使うぞ！」という合図だってことを忘れないでほしいんだ。

　　　[a[an] ..... 名詞]　→ 名詞のカタマリ
　　　[the ..... 名詞]　　→ 名詞のカタマリ

石田「名詞の前には、**a** や **the** 以外に、**my** なども付くよね？」
英子「そう、冠詞の代わりに **my**、**your**、**his**、**this** など、代名詞の所有格や指示語などが入ることもあるの。他にも、**two**、**three**、**many**、**much** などが入ることもあるわね」
石田「名詞には、前にも後ろにも色々なものが付くんだね」

9 前置詞

to、for、in、on、of などのことを前置詞っていうんだよね。
前置詞とは、名詞の**前に置く詞**という意味で、
こいつらも「後ろに名詞が出てくるぞ」という合図だと考えておこう。
そして、前置詞は「後ろに出てくる名詞までを、**副詞のカタマリや形容詞のカタマリ**として使う」ということも覚えておいてね。

　　　「前置詞 ..... 名詞」 → 副詞[形容詞]のカタマリ

例　**The sun rises in the east.**
　　▶太陽は東から昇る。

この文の文型は何？　…そう、実はこの文は第1文型（**SV**）なんだよね。
前置詞の in は、後ろの名詞 east までの**副詞のカタマリ**を作っているんだ。**副詞は修飾語だから、文型には関係ない**からね。
また、「前置詞 ..... 名詞」は**形容詞のカタマリ**にもなるんだよ。

例　**The house on the hill is mine.**
　　▶丘の上の家は私のものです。

この on the hill というカタマリは、直前の名詞を修飾してるね。
名詞を修飾しているから、形容詞の働きをしていることになるんだ。
でも、しょせんは修飾語だから、文型には直接関係ないのは同じだよ。
このように、「前置詞 ..... 名詞」は文の要素（**S/V/O/C**）にはなれない単なる修飾語だから、文型には直接関係ないと考えようか。
つまり、**省略しちゃっても、文の意味は伝わる**んだ。
基本的に前置詞は修飾語のカタマリを作るので、
前置詞を見たら「後ろに出てくる名詞までが1つのカタマリだ！　でも文型には関係ないぞ！」と考えましょう！
はい、それでは知識を定着させるために、CHECK問題いってみよう！

▼**SVOCと品詞の対応表**

↓文の主要素	名詞	動詞	形容詞	副詞
S（主語）	○	×	×	×
V（動詞）	×	○	×	×
O（目的語）	○	×	×	×
C（補語）	○	×	○	×

名詞（代名詞）は**SOC**になれる。動詞は**V**だけ。形容詞は**C**だけ。副詞は「文の主要素」にはなれない（ただの修飾語）。

第3講 CHECK問題

第3講のまとめ

★第1文型：S V(自)
★第2文型：S V(自) C
★第3文型：S V(他) O
★第4文型：S V(他) O O
★第5文型：S V(他) O C

問題　次の英文の文型を①〜⑤の中から1つ選びなさい。
　　　①第1文型　②第2文型　③第3文型　④第4文型　⑤第5文型

☐ 1　Willy wrote a long letter to his parents.

☐ 2　The news made her angry.

☐ 3　Sam taught me the recipe.

☐ 4　My daughter lives in New York.

☐ 5　My grandmother looks young.

解答・解説

ここがポイント！

★ a[an] や the が出たら、その後ろにある名詞まで
を名詞のカタマリと考えろ！
★ 前置詞が出たら、その後ろにある名詞までを修飾語
のカタマリと考え、文型には関係ないと考えろ！

□ **1** 正解＝③ Willy wrote a long letter to his parents.
（訳：ウィリーは彼の両親に長い手紙を書いた。）
★動詞 wrote の後ろに a long letter という名詞のカタマリがきている。to his parents は to という前置詞が作った副詞（修飾語）のカタマリなので文型には関係ない。よって第３文型。

□ **2** 正解＝⑤ The news made her angry.
（訳：その知らせは彼女を怒らせた。）
★ made は「make O C」という第５文型で使われ、「OをCにする」という意味になる。her ＝ angry というイコール関係が成立している。

□ **3** 正解＝④ Sam taught me the recipe.
（訳：サムは私に調理法を教えてくれた。）
★動詞 taught の後ろに名詞が２つある第４文型（me ≠ the recipe）。訳すときは「S V ＋〜に＋〜を」を意識すること。

□ **4** 正解＝① My daughter lives in New York.
（訳：私の娘はニューヨークに住んでいる。）
★ in New York は in という前置詞が作る副詞（修飾語）のカタマリなので文型には関係ない。ふつう、一般動詞のすぐ後ろに「前置詞＋名詞」がきたら第１文型と思ってよい。

□ **5** 正解＝② My grandmother looks young.
（訳：私の祖母は若く見える。）
★ My grandmother ＝ young というイコール関係が成り立つ補語 C を、動詞 looks の後ろに置いている。look が「…に見える」の意味のときは be動詞と置きかえても文が成り立つ。

45

第4講 時制① ～大過去・過去・現在・未来・進行形～

時制は、「過去・現在・未来」のいつの話をしているのかを相手に伝える超重要な文法なんだよ。

今回の主役

時制

英語は、動詞の形を変えることによって、
「**現在**」「**過去**」「**未来**」のいつの話なのかを
ハッキリと伝える言葉なんだよ。
例えば、「**He is happy.**（彼は幸せです。）」は「現在」のお話だけど、
この「**is**」という動詞を過去形の「**was**」に変えて、
「**He was happy.**」とすると、
「彼は幸せ**だった**。」という「過去」のお話になるんだ。
つまり、**動詞の形を変えて、時間（＝時制）を伝える**わけだね。
時制には、過去・現在・未来以外に、**大過去**というのもあるよ。
今回はそれに**進行形**もオマケに付けて、モリッといってみよう！

I 現在形

動詞の現在形は**今**の話をするときに使うっていうウワサだけど、
そのウワサをそのまま信じている人って、意外と多いんだよね。
ウワサをそのまま信じるとヤケドするわよ！　気をつけて！
実は、現在形は「今だけ」の話じゃないんだ。
ん？　まだよくわからない？
では、次の絵を見ていただきたい！

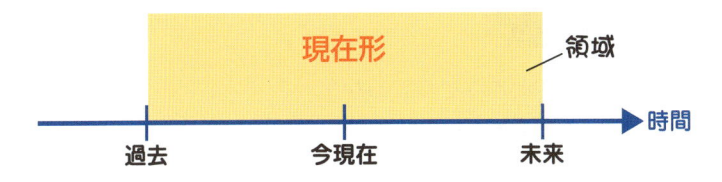

この絵のように、現在形は、**現在を中心として、過去から未来へとまたがっている事柄**を話したいときに使う、と考えてみよう。
つまり、急激な変化が起こらない事実を伝えているって感じかな。
では、そう考えつつ、例文1を見てみよう！

例文1
My sister is a university student.
▶私の妹は大学生です。

これは is という be動詞の現在形を使っているけど、なぜでしょう!?
それは、「私の妹が大学生」なのは、
大学に入学したとき（過去）から卒業する（未来）までだよね。
過去から未来へまたがるイメージなので、**現在形**になるわけだね。
例文2を見てみよう！

例文2
I take a walk every morning.
▶私は毎朝散歩します。

おお！ これも take という現在形を使っているぞ!?
「毎朝散歩する」ということは、1週間前も昨日（過去）も散歩して、明日も1週間後（未来）も散歩するかもしれないってことだよね。
過去から未来へとまたがっている話をしているので**現在形**でナットク!!!
他にも、**I have a pen.**（私はペンを所有している。）や
You love me.（君は私を愛してくれている。）なども、
「現在を中心として、過去から未来へまたがっていること」だよね？
そう信じているよね!? 信じてもいいのよね、私!?
・・・じゃあ、やっぱり動詞の形は現在形で決まりだよね。

2 過去形

過去の出来事を表すときはどうするか？
それはね、動詞を**過去形**という形にすればいいんだよね。
　※過去形・過去分詞形の作り方は巻末資料8（☞P.224）にあるから絶対見てね！
ちょっと次の例文3を見てみよう。

例文3

Rabi play**ed** softball yesterday.

▶ラビは昨日ソフトボールをした。

動詞が **ed** で終わっているので、
過去の話だっていうのがわかるよね。
動詞を過去形にしてあげるだけで、**その出来事は今現在よりも前（過去）に起こったことなんですよ**って伝えられるよ。
ちなみに、過去の話のときは、
yesterday（昨日）や **last night**（昨夜）、**～ years ago**（～年前）など、
過去を表す言葉が文に入っていることがあるから、
それらを見つけたら「あ、この文は過去の話だ！」とわかるからね。

3 大過去

過去よりも、さらにもっと過去の話を**大過去**といったりするんだけど、
大過去のときの動詞は「**had** ＋**過去分詞**（**V**$_{pp}$）」の形になるんだよ。
例文を見てみよう。

例文4

He said that he had met Eiko before.

▶彼は以前英子に会ったことがあると言った。

■ **大過去＝過去完了形**
この大過去の形（**had+V**$_{pp}$）を本当は過去完了形といって、「過去よりももっと過去」を表す以外に、あと3つの意味（継続・経験・完了）をもっているのさ。それに関しては第5講（☞P.54～）で詳しくやるのさ。

48

さて、ここで注目してほしいのは、**said** と **had met** なんだな。
said は過去形だけど、**had met** は何形？
そう！ meet が「**had + V_{pp}**」になった形、つまり**大過去形**なんです！
じゃあ、どうして大過去形になってるのかというと、
「彼が英子に会った」という出来事は、
「彼が言った」よりも前に起こった出来事だからだよ。

大過去形	過去形
had met	said

大過去　　過去　　今現在　　→時間

こんなふうに、**過去よりももっと過去の出来事**だと強調したいときは、
動詞を「**had + V_{pp}**」という形にすればいいからね。
日本語では、過去の話は全部「…した。…だった。」とかで済むんだけど、
英語って本当に時制にキビシイんだよね〜。

4 未来

未来の表現は、次の表現をガッチリとおさえておこう！

　　　will［**be going to**］＋**動詞の原形（V_原）**

未来のことを表すときは、
動詞の前に **will** もしくは **be going to** を付ければいいんだ。
このとき動詞は常に**原形**（**-s** も **-ed** も付かない）なので注意してね。
じゃあ、例文5を見てみよう。

　　　　　　　　　　　　　　　　　　　　　　　　例文5
I will visit Europe this summer.
▶私はこの夏ヨーロッパへ行く予定だ。

この文は **will visit** という形をしているから、間違いなく未来のお話！
だから、「これから…するぞ！」という**意志**や、「これから…する予定だ。」
なんていう未来の**予定**なんかを表すことができるんだ。

                                                        未来
                                                     will visit

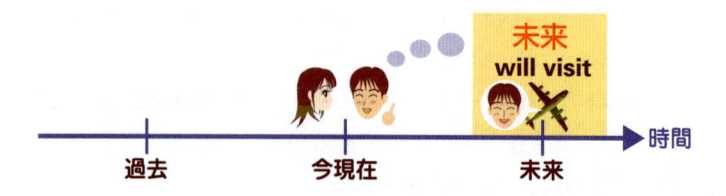

| 過去 | 今現在 | 未来 | ▶時間 |

もちろん例文5は、「**I am going to visit** Europe this summer.」と書いてもOKだからね！

5 進行形

「〜の真っ最中です！」ということを表すときには、どうすればいい？
動詞の形を「**be ＋ Ving**」にすればいいんだ。
この動詞の形を「進行形」というわけ。
be はもちろん be動詞のことで、当然、時制によって形が変わるよ。
　●**現在**進行形＝ **is**[**am/are**]＋ **Ving**：(今) V しているところだ
　●**過去**進行形＝ **was**[**were**]＋ **Ving**：(そのとき) V しているところだった
　●**未来**進行形＝ **will be ＋ Ving**　：(そのときは) V しているだろう
be動詞を時制に合わせるだけで、**Ving** は変わらないから簡単だよね。
いつの話をしているのかで使い分けるようにしてね！

じゃ、例文6を見てみよう！

例文6

Jim and Mari are playing tennis now.
　▶ジムとマリは今テニスをしています。

動詞が **are playing** という形をしているので、現在進行形だね。
さて、ここで現在形と現在進行形の違いを話そう！
　　　Jim and Mari play tennis.　←現在形
この文の **V** は現在形なので、過去から未来へまたがっている動作、
つまり**習慣的にテニスをしている**感じだよね。
一方、進行形は次の絵のように「行われている最中」の動作を表すよ。

過去進行形　現在進行形　未来進行形

過去　　　今現在　　　未来　　時間

幅せまっ!!

極端に言っちゃうと、進行形を使うときっていうのは、
「1秒前や1秒後は不明だけど、今この瞬間はやってますよ。」
という話をするときだと考えよう。（時の領域が非常にせまい！）
だから、「**動作**」を表す動詞は進行形にできるけど、
「**状態**」を表す動詞は進行形にはしないのが基本なんです。
例えば、「私は東京に住んでいます。」という内容を英文にするとき、
「I live in Tokyo.」と現在形で書けば、
過去から未来へまたがって住んでいる完璧な文になるよね。
でも、「I am living in Tokyo.」にしてしまうと、
過去や未来にはまたがらないので、伝えたいイメージとズレちゃうよね。

他にも、have（所有している）や know（知っている）などは「状態」なので、
ふつうは進行形にはしないからね。▼
× I am having a pen.　　（私はペンを所持している最中です。）
× I am knowing that man.　（私はあの男を知っている最中です。）
これらの動詞を進行形にすると、ふつうは変な意味になっちゃうよね。
でも、口語では、伝えたい内容によっては進行形にすることもあるよ。
例えば、love は「状態」だけど、あえて進行形にすると
○ I am loving it.（それ、大好き！［今、それに夢中なのよ］）
のように、一時的な状態を伝えることができるんだよね。
おお！　なんだか時制を使いこなしている感じ!?
では、この調子のまま、CHECK問題へ突入しましょう！

第4講　時制①

▼ 基本的に進行形にはしない動詞

参考

think（考える）　　like（好む）　　　hope（望む）
hear（聞こえる）　 see（見える）　　believe（信じる）
have（持っている） belong to（属している）
resemble（似ている） depend on（頼りにしている）

51

第4講 時制①

CHECK問題

第4講のまとめ

★**現在形**　：今を中心として、過去から未来へまたがったお話
★**過去形**　：今よりも前（過去）のお話
★**大過去形**：過去よりも、さらにもっと過去のお話
★**未　来**　：未来のお話
★**進行形**　：「1秒前や1秒後は不明だけど、今この瞬間はやっています」的なお話

問題　空所に最も適する語句の番号を選びなさい。

☐ **1**　I (　　) busy this afternoon.
　　① will　　　② am　　　③ am going　　　④ will be

☐ **2**　Margaret (　　) a cake then.
　　① made　　② was making　③ making　　④ is made

☐ **3**　Davis (　　) some Japanese stamps.
　　① is having　② has　　③ having　　④ have

☐ **4**　Ben found that he (　　) his key.
　　① lost　　② loses　　③ had lost　　④ was losing

☐ **5**　Robert (　　) mathematics hard last night.
　　① studied　② will study　③ studies　　④ had studied

解答・解説

ここがポイント！

① **now** や **then** や **at that time** のような、進行形と一緒に使うことが多い言葉を見落とすな！
② **yesterday** や **last night** のような、過去を表す言葉を見落とすな！
③ **tomorrow** のような、未来を表す言葉を見落とすな！

□**1** 正解＝④　（訳：私は今日の午後は忙しいだろう。）
　★「this afternoon」があるので、「今日の午後Ｖするだろう」（未来）と、「今日の午後Ｖした」（過去）の２通りが考えられる。選択肢に過去形（was）はないので④が正解。また、「busy（忙しい）」は形容詞なので動詞のない①はダメ。

□**2** 正解＝②　（訳：マーガレットはそのとき、ケーキを作っていました。）
　★「then」があるので、「**そのとき**Ｖしているだろう」（未来）と、「**そのとき**Ｖしていた」（過去）の２通りが考えられるが、未来を表す選択肢はない。また、「そのとき」という、その瞬間の動作なので、過去形ではなく過去進行形の②が正解。

□**3** 正解＝②　（訳：デイビスは日本の切手をもっています。）
　★「切手をもっている」ということは、今この瞬間の話ではなく、手に入れたとき（過去）から、手放すとき（未来）までもっているわけだから、現在形の②が正解。

□**4** 正解＝③　（訳：ベンは鍵をなくしたことに気がついた。）
　★まず、「ベンは気がついた」（過去の話）とあり、気がついたことはthat 以下の「彼が鍵をなくした」こととある。当然「鍵をなくした」のは「気がついた」よりももっと過去なので、大過去形の③が正解。

□**5** 正解＝①　（訳：ロバートは昨夜一生懸命に数学を勉強しました。）
　★「last night」という過去の表現が入っているので、単純に過去形を選べばいい。①が正解。

第5講 時制 ②
〜現在完了・過去完了・未来完了〜

どうも、ヒデキです。
今回も第4講と同じ「時制」で、
「完了形」をやっていくからね！

今回の主役
現在完了形
have[has]＋過去分詞（V_{pp}）

完了形は大きく、次の3つに分けることができるよ。
- **現在完了**：have ＋ V_{pp}（※主語が3人称単数のときは has ＋ V_{pp}）
- **過去完了**：had ＋ V_{pp}
- **未来完了**：will have ＋ V_{pp}

言っとくけど、この「have」は「もっている」という意味じゃないよ！
「have ＋ V_{pp}」で完了形という**1つの動詞の形**なんだよね。▼
この授業では、現在完了を詳しく説明していくからね。
過去完了と未来完了は、現在完了が過去や未来にズレたようなものなので、現在完了がわかれば、あとは形を覚えるだけで大丈夫だよ！
まずは、時制の違いや、否定文・疑問文の形をおさえていこう。
じゃあ、まず**現在完了形の領域**を絵で見てもらってから授業へ突入！

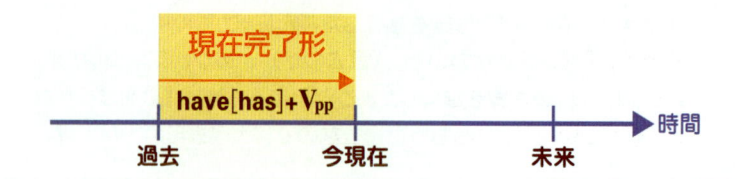

現在完了形
have[has]＋V_{pp}
過去　　今現在　　未来　　時間

補足　完了形で使う have は助動詞！
have[has/had]は、動詞として使う場合の他に、助動詞として動詞にくっついて "完了形を作る" という働きもするの。助動詞の後ろの動詞は必ず原形（$V_{原}$）になるけど、この助動詞 have だけは例外で、動詞は過去分詞形（V_{pp}）になるのよ。

1 現在完了

時制の1つに「現在完了」というのがありましてね、
動詞の形を「have[has] + V_{pp}」にすれば表現できるんだよね。
では、そもそも現在完了形って現在形と何がどう違うんだろう？
左ページの絵の現在完了の領域をよ～～～く見て！

・・・あらま！　領域が**過去から現在**になっているじゃないの！
違う！　ただの現在形とは伝わるイメージがぜ～～～んぜん違う!!!
現在形は過去から現在を飛びこえて、未来にまでまたがっていたけど、
現在完了はそれと違って、**過去からやっていることが現在どういう状態なのか**ということを表せるわけだね。
時間の領域が「過去から現在まで」ということは、
あえて日本語にすれば、次の3つの訳になるかな。

> **POINT**
>
> **現在完了の3つの意味**
>
> ①《継続》　　：（ずっと）Vしている
> 　→過去から今までずっとVしている
> ②《経験》　　：（今までに）Vしたことがある
> 　→過去から今までにVしたことがある
> ③《完了・結果》：（ちょうど）Vしたところだ／（すでに）Vしてしまった
> 　→過去に始まったVが（ちょうど）終わった（すでに完了している）

日本語にすると、3つの全然違う意味になっちゃうけど、
時間の領域は全部同じ「過去から現在まで」というのがポイントだよ。
さあ、君はこの3つの意味を、例文で1つずつ見ていきたいタイプ？
じゃあ、《継続》の例文から順番に見ていこう！

例文1

Bean has been busy since last Monday.
（～以来）

▶ビーンはこの前の月曜日以来ずっと忙しい。《継続》

※動詞の形がわかりやすいように、**V**にだけ色（桃色）をつけています。

第5講　時制②

動詞が **has been** という形をしているので、現在完了だよね。
よく見ると、**last Monday**（この前の月曜日）じゃなくて、
since last Monday（この前の月曜日以来）になっている。
ということは、**先週の月曜日（過去）から忙しくなり始めて、
今も忙しい**ってことになるよね。

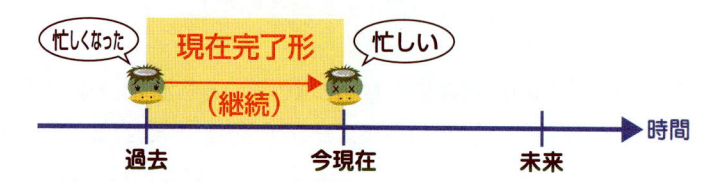

```
忙しくなった   現在完了形   忙しい
              （継続）
─────────┼───────────┼─────────┼───────▶ 時間
       過去         今現在        未来
```

だから、例文1は《継続》の意味になるんだね。▼

次、例文2を見てみよう！

> **例文2**
> **I have talked with Mop before.**
> ▶私は以前モップと話したことがあります。《経験》

これも、動詞が **have talked** という形をしているので、現在完了だね。
しかし、今度は **since** ではなく、**before** としか書いてない。
…ということは、「（～以来）ずっと」という継続の意味ではない。
実は、完了形（過去から今の範囲）で **before** とくれば、
「以前Ｖしたことがある」という《**経験**》の意味になるんだ！

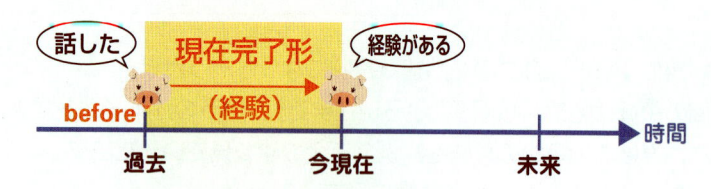

```
話した     現在完了形    経験がある
           （経験）
before
─────────┼───────────┼─────────┼───────▶ 時間
       過去         今現在        未来
```

過去の経験が「今も残っている」というわけだね。

▼ この単語があったら《継続》の意味でしゅ！
□ **since ～**（～以来）:《継続》で使われ、「～」には過去のある時点を指す言葉が入るでしゅ。
□ **for ～**（～の間）:《継続》で使われ、「～」には時間の長さを表す言葉が入るでしゅ。例：**for three years**（3年間）

じゃ、最後、例文3を見てみよう！

例文3

Rabi has already finished his homework.

▶ラビはすでに宿題を終えてしまった。《完了》

動詞が現在完了形なのはOK!?
今回は **already** に注目しよう。
「すでに」ときたら、「すでにVしてしまった」の《完了》でしょ！
だから、例文3はちゃんと完了の意味で訳してあるよね。
already、**just** などの副詞▼は、**have** と V_{pp} の間に入れて、
「**have already** V_{pp}」「**have just** V_{pp}」
という語順になるところがポイントなので要チェックだよ！

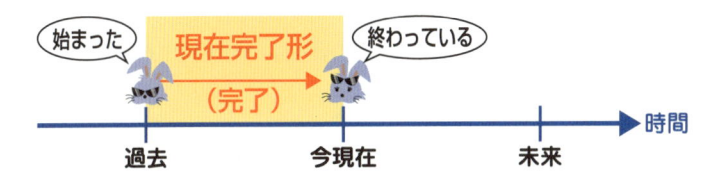

第5講 時制②

始まった　現在完了形（完了）　終わっている
過去　　今現在　　　未来　→時間

さて、これで、現在完了の3つの意味をマスターしました！
過去完了に入る前に、否定文と疑問文の形もマスターしちゃおう！

2 現在完了の否定文

現在完了の否定文は、have[has]の後ろに **not** を入れて、
「**have[has] not** + V_{pp}」という形にするだけで完成！
わお！　お手軽〜！
さらに、短縮形は「**haven't[hasn't]** + V_{pp}」にすればOKだからね！
わお！　お気軽〜！

▼ 動作の頻度や程度を表す副詞は一般動詞の前！

補足

完了形で「時」を表す副詞（already, just, still）の他、動詞（動作）の頻度（always, usually, often）や程度（hardly, almost, perfectly）を表す副詞は、**一般動詞の前**（be動詞／助動詞の後ろ）に置かれることが多いのよ。（☞P.222）

57

（肯定文）　　His brother has been busy since last Monday.
　　　↓
　　（否定文）　　His brother has not been busy since last Monday.
　　　　　　　▶彼の兄は、この前の月曜日からずっと忙しく**ない**。

・・・ちなみに、現在完了の意味が《経験》のとき、
not の代わりに **never** を使うと「**一度も ..... ない**」という意味になるよ。
　　（肯定文）　　I have talked with Mop before.
　　　↓
　　（否定文）　　I have never talked with Mop.
　　　　　　　▶私は一度もモップと話したことがありません。

もう 1 つ注意してほしいのは、
肯定文で **already** を使っている文を否定文にするときは、
already を「**not ... yet**」に変えるというところ！
　　（肯定文）　　My son has already finished his homework.
　　　　　　　▶息子はすでに宿題を終えた。
　　　↓
　　（否定文）　　My son has not finished his homework yet.
　　　　　　　▶息子は**まだ**宿題を終えてい**ない**。

現在完了の否定文の文末に **yet** を置くと、
「**まだ ..... ない**」という意味になるんだね。

3　現在完了の疑問文

現在完了の疑問文は、「**have [has] + V_{pp}**」の **have [has]** を文頭にもっていって、最後に「**?**」を付けて、
「**Have [Has] + S + V_{pp} ..... ?**」という形にすれば完成！
　　（肯定文）　　His brother has been busy since last Monday.
　　　↓
　　（疑問文）　　Has his brother been busy since last Monday?
　　　　　　　▶彼の兄はこの前の月曜日からずっと忙しいのですか？

そして、問題は答え方だよね。聞かれたら答える。これが会話の基本。
そこで思い出してほしいのが第 2 講でやった英語の基本ルール！

「英語は**聞かれたもので答える**」でしょ!!!
Have[Has]で聞かれているわけだから、have[has]を使って、
　　—— Yes, he has. /No, he hasn't.
　　　▶——はい、忙しいです。/ いいえ、忙しくありません。

…と答えればいいわけだね！
聞かれたものを使って答えればいいなんて、すごく楽だよね。
あと、**経験**をたずねる疑問文のときは ever という単語[副詞]を使って、
　　Have[Has] + S + ever + V_{pp} ..... ?
　　　▶今までに V したことがありますか？
という形をとることが多いので、これも覚えておくと役に立つよ。

例　**Have you ever talked with Mop?**
　　　▶あなたは今までに、モップと話したことがありますか？

はい、じゃあ、現在完了の疑問文で注意したい最後のポイント！
「**もう（すでに）..... しましたか？**」と聞きたいときってあるよね!?
ボクなんて、学生の頃は「もう宿題したの???」なんて、
親から1日10回くらい言われてたからね。（実話）
そんなときは、現在完了の**疑問文**の文末に yet を置けば伝えられるよ！

例　**Has my son finished his homework yet?**
　　　▶息子はもう宿題を終えましたか？

肯定文では「**もう（すでに）**」の部分は already を使ってたけど、
疑問文では yet を使うというのがシブイよね。
この yet はね、さっきの否定文でも出てきたけど、
疑問文にある場合は「**もう（すでに）**」という意味で、
否定文にある場合は「**まだ（〜ない）**」という意味になるからね。
基本的に、already、just、never などの現在完了でよく使われる副詞
は、have と V_{pp} の間に置かれるんだけど、
yet は文末に付けるのが基本なので、これは覚えておこう！
さあ、現在完了は一通り終了したけど、バッチリ頭に入ったかな?!
では最後に、**過去完了**と**未来完了**を簡単に確認しておこう！

4 過去完了

現在完了は「過去から今まで」の話をするときに使ったけど、
過去完了は「**大過去から過去まで**」の話をするときに使うよ。

過去完了形
had+V$_{pp}$

大過去 —— 過去 —— 今現在 —— 時間

POINT

過去完了の形（※現在完了の have [has] が had になっただけ!）

肯定文：S + **had** + V$_{pp}$．
否定文：S + **had not [hadn't]** + V$_{pp}$．
疑問文：**Had** + S + V$_{pp}$……？
　　　　── Yes, S **had**．／ No, S **had not [hadn't]**．

過去完了の意味（※基本的に現在完了と同じ）

① 《継続》：（過去のある時点までずっと）**V していた**
② 《経験》：（過去のある時点までに）**V したことがある**
③ 《完了・結果》：（過去のある時点に）**V し終わっていた**

例文4

Tom **had finished** cooking by that time.

▶ トムはそのときまでに料理を終えていました。《完了》

これは過去完了の《完了》の例文だよ。
「**had + V$_{pp}$**」の形をしていて、「**by that time**」という、過去のある時点をハッキリさせる言葉が入っているところをチェックだよね。
過去完了は、前の講でやった大過去と同じ形だから親しみやすいよね。

過去完了《継続》《経験》の例文

《継続》I **had been** sad for ten days before I met her.
　　　（私は彼女に会うまで、10日間悲しんでいた。）
《経験》I **had not talked** with Mop before then.
　　　（私はそのとき以前には、モップと話したことがなかった。）

5 未来完了

現在完了は「過去から今まで」の話をするときに使ったけど、
未来完了は「**未来のある時点まで**」の話をするときに使うよ。

未来完了形
will+have+V_pp
過去　今現在　未来　時間

POINT

未来完了の形（※現在完了「have + V_pp」の前に will が付いただけ！）

肯定文：S + will + have + V_pp.
否定文：S + will not[won't] + have + V_pp.
疑問文：Will + S + have + V_pp .....?
　　　　── Yes, S will. ／ No, S will not[won't].

未来完了の意味（※基本的に現在完了と同じ）

① 《継続》　：（未来のある時点までずっと）Vしているだろう
② 《経験》　：（未来のある時点までに）　 Vしたことになるだろう
③ 《完了・結果》：（未来のある時点に〔ちょうど〕）Vし終わっているだろう

例文5

I'll have read the book twice if I read it again.
（二度）

▶もう一度読めば、私は二度その本を読んだことになるだろう。《経験》

これは未来完了の《経験》の意味の文だよ。
「will + have + V_pp」の形をしていて、「if I read it again」という
条件が入っているところをグリグリチェック！
こういったキーワードで完了のどの意味かが判断できるんだ。
それでは、お待ちかねの CHECK問題で確認といってみましょう！

例文　未来完了《継続》《完了》の例文

《継続》I'll have lived here for two years by next April.
　　　（今度の4月で、私はここに2年間住んだことになるだろう。）
《完了》He will have arrived there by tomorrow.
　　　（彼は明日までにはそこに到着しているだろう。）

第5講 時制②

第5講 CHECK問題

第5講のまとめ

★現在完了の**肯定文**：S ＋ have ＋ V_{pp} ．
★現在完了の**否定文**：S ＋ have not ＋ V_{pp} ．
★現在完了の**疑問文**：Have ＋ S ＋ V_{pp} …..？

※主語が３人称単数のとき have は has になるので注意！

問題 空所に最も適する語句の番号を選びなさい。

☐ **1** She (　) sick in bed for five days.
　① is　　　　　　　② has been
　③ have not been　　④ is been

☐ **2** He (　) to Okinawa twice.
　① has been　　　　② has gone
　③ will had been　　④ had gone

☐ **3** (　) he washed his car yet?
　① Does　　　　　② Did
　③ Was　　　　　 ④ Has

☐ **4** I usually (　) to school, but I'll go by bus today.
　① am walking　　② have walked
　③ walk　　　　　④ will walk

☐ **5** Ken (　) in Brazil since 2000.
　① has live　　　　② lives
　③ lived　　　　　④ has lived

解答・解説

ここがポイント!

★現在完了の３つの意味
① 《継続》　　　：（ずっと）　Ｖしている
② 《経験》　　　：（今までに）Ｖしたことがある
③ 《完了・結果》：（ちょうど）Ｖしたところだ
　　　　　　　　　（すでに）　Ｖしてしまった

---

1 正解＝②　（訳：彼女は５日間ずっと病気で寝ている。）
★「for five days」があるので、文の意味は「５日間ずっとＶしている」になると考えられる。よって、現在完了の②が正解。③は、主語が３人称単数なのに has になっていないのでダメ。

2 正解＝①　（訳：彼は２回沖縄に行ったことがある。）
★「have been to ～」は、「～へ行ったことがある」《経験》と「～へ行ってきたところだ」《完了》の２通りの意味をもつ重要表現。今回は「twice（２回）」があるので、《経験》を表すものとして①を入れるのが正解。「have gone to ～」は「～へ行ってしまった（ので今は不在です）」《完了》の意味をもつ重要表現。

3 正解＝④　（訳：彼はもう自分の車を洗ったのですか？）
★文末に yet がある疑問文なので、「**もう**Ｖしましたか」《完了》という現在完了の表現になる。よって④が正解。

4 正解＝③　（訳：私は普段、歩いて学校へ行きますが、今日はバスで行きます。）
★「usually」があるので、過去から未来へとまたがっていることだと気がつけば簡単。現在形の③が正解。完了形だと思ってひっかからないように！

5 正解＝④　（訳：ケンは 2000 年からずっとブラジルに住んでいます。）
★「since 2000」があるので、文の意味は「2000年からずっとＶしている」となると考えられる。よって、現在完了《継続》の④が正解。①は動詞が「V_{pp}」の形になっていないのでダメ。

第6講 助動詞 ①
〜助動詞＆助動詞が入った文の形〜

第6講では、地味だけど
重要な働きを持つ「助動詞」に
スポットライトを当てていきます！

今回の主役
助動詞たち

助動詞の役割はわかる？　**動**詞を**助**けるって書くけど、どう助けるの？
実は助動詞はね、**動詞の前にくっついて、**
文の形を変えたり、文に意味を付け加える働きをするんだ。
文の形を変える助動詞というのは、
否定文・疑問文で使う do、does、did なんかが代表的だね。

この第6講では、**文に意味を付け加える**タイプの助動詞である
will、can、may、should、must などをやっていきます。
これらは動詞の前にくっついて、
「Vするだろう、Vできる、Vしてもよい」など、
文に意味を付け加える働きをするんだよ。
動詞を**助**けて、動詞が単独では表せない意味を加えてあげるわけだね。
will はすでにやったよね。
実は、時制に出てきた will も、
文に「未来」の意味を付け加える助動詞なんだよ。
はい！　それでは、講義に入りましょうか！

参考

助動詞を使った文と使わない文はこんな違いもある！
☐助動詞を使った文…頭の中で考えている内容［思考の世界］
　例 I will study English. ←英語を勉強しようと思っているだけ
☐助動詞を使わない文…現在形や過去形は現在や過去の現実
　例 I studied English. ←実際に英語の勉強をした

まずは**助動詞の肯定文・否定文・疑問文**の作り方を覚えてもらって、
そのあとで色々な助動詞を見てもらいましょう！

Ⅰ 助動詞の肯定文・否定文・疑問文

POINT

助動詞の文の形

- ●肯定文：S ＋ 助動詞 ＋ V原
  ※助動詞は動詞の前に置く！ そして**必ず動詞は原形**！
- ●否定文：S ＋ 助動詞 ＋ not ＋ V原
  ※助動詞の後ろに not を置く！
- ●疑問文：助動詞 ＋ S ＋ V原 ……？
  ※助動詞を文頭に出し、最後に「？」を付ける！

この「文に意味を付け加える助動詞」が入ったとき、
動詞は必ず原形（V原）になるから、これシッカリおさえておいてね。
どの助動詞も基本的に使い方は同じなので、
上の文の形を頭の中に残したまま例文で確認していこう！

例文1

Eiko can speak Chinese.
▶英子は中国語を話すことができます。

例文1は、Eiko can speaks ではなく、助動詞 ＋ V原 という重要ルール
を守って Eiko can speak になっているのに注目！
そして、助動詞は**文に意味を付け加える**という重要な働きをしているの
を忘れちゃダメだよ！
今回は、can が「能力・可能」の意味を文に付け加えているんだね。
じゃ、今度は否定文の形を見てみよう！

石田「あ！この助動詞の否定文・疑問文の作り方、前にもやった気がする！ do not V原、Do you V原 ……？ とかでやったよね？」
英子「そう！前にやった助動詞の do と同じなのよ。否定文のときは助動詞の直後に not が付くし、疑問文のときは助動詞は文頭に置かれるの。助動詞は基本的に皆同じ扱いなのよね」

> 例文2

Peter couldn't sleep very well last night.
▶ピーターは昨夜よく眠ることができませんでした。

例文2は「S＋助動詞＋ not ＋V原」の形をとった否定文だよね。
助動詞の入った文を否定文の形にするときは、
基本的に助動詞の後ろに not を入れてあげれば完成。
この例文では、**could not** の短縮形の **couldn't** を使って、
「～することができなかった」という意味を文に付け加えているんだ。
じゃ最後、疑問文の例文を見てみよう！

> 例文3

Can George go with me?
▶ジョージは私と一緒に行くことができますか？

―― Yes, he can./No, he cannot[can't].
▶――はい、できます。／ いいえ、できません。

例文3は「助動詞＋S＋V原 .....?」という疑問文の形をしているね。
一般的に、助動詞の入った疑問文は、助動詞を文頭にもっていき、
最後に「？」を付ければできあがり！
答え方も「英語は聞かれたもので答える」という基本ルールを守ってね！
さあ、これで助動詞が入った文の形はマスターできたよね！
次はどんな助動詞がどんな意味をもっているのか、
例文を見ながらサクサクシッカリと確認していこう！

2 色々な助動詞

can → could（過去形）
❶ Vすることができる　《能力・可能》＝ be able to
❷ Vする可能性がある　《可能性》
❸ Vしてもよい　　　　《許可》

この can は頻繁に使われる助動詞だから、シッカリおさえておいてね！
ちなみに、can が❶《能力・可能》の意味のときは、
be able to とも書きかえられるよ。

Eiko is able to speak Chinese.
▶英子は中国語を話すことができます。《能力・可能》

It cannot be true.
▶それは本当のはずがない（本当である可能性はない）。《可能性》

Can I use your pen?
▶ペンを借りてもいい？《許可》

can にはこのような意味があるんだ。
さあ、次は may ですよ！

---

may → might（過去形）
❶Ｖしてもよい　　《許可》
❷Ｖするかもしれない　《推量》※ might はこの《推量》を表す

---

may の基本の意味は「半分半分＝確率50％」って感じ。
❶の「Ｖしてもよい《許可》」は、
「Ｖしてもいいし、しなくてもいいよ」という感じだよ。

You may go home now.
▶もう家に帰ってもよい（し、帰らなくてもよい）。《許可》

❷の「Ｖするかもしれない《推量》」も、
「Ｖするかもしれないし、しないかもしれない」という雰囲気だね。

Tony may [might] be sick.
▶トニーは病気かもしれない（し、病気じゃないかもしれない）。《推量》

助動詞の過去形は丁寧で弱い!?

can の過去形 could も、may の過去形 might も、**過去形だけど現在の文でも使われる**のよ。そして、can や may より could や might の方が「**丁寧**」で「**弱い**」意味をもつの。助動詞はたいてい、過去形の方が丁寧で弱いと考えてね。

might は may の過去形で、推量を表すからね。
この might や could は過去形だけど、現在の文でも使うんだね。

> **must** →過去形は無し→過去の話のときは had to を使う
> ❶ V しなければならない 《義務》＝ have[has] to
> ❷ V するに違いない 《推量》
> ❸ V してはいけない 《禁止》→ must not[mustn't] V原

> You must[have to] take off your shoes.
> ▶あなたは靴を脱がなければならない。《義務》

この must は非常に強い意味をもった助動詞なんだよね。
must が《義務》のときは have[has] to とも書きかえられるよ。▼

> Jack must be tired.
> ▶ジャックは疲れているに違いない。《推量》

> You must not[mustn't] enter the laboratory.
> ▶その実験室に入ってはいけない。《禁止》

must が《禁止》（V してはいけない）の意味になるのは、
must not V原 という形のときだけだから注意してね。

> **should**
> ❶ V すべきである《義務・必要・当然》

> Nancy should know more about Japan.
> ▶ナンシーは日本についてもっと知るべきである。《義務・必要・当然》

では、最後に助動詞を使った重要な表現を一気にやっちゃおう！

> ▼助動詞の書きかえしまヒョ！
> □ will ＝ be going to □ can《可能》＝ be able to
> □ must《義務》＝ have[has] to
> ※ must《義務》の否定形≒ don't have to V原
>   ＝ don't need to V原 ＝ need not V原

shall を用いた重要表現

☑ **Shall I V原 .....?** ：(私が) V しましょうか？《相手に申し出る》
☑ **Shall we V原 .....?** ：(一緒に) V しませんか？《相手を誘う》

Shall I open the door?
▶(私が) ドアを開けましょうか？《相手に申し出る》

Shall we go to the party?
▶(一緒に) パーティーに行きませんか？《相手を誘う》

will、would、could を用いた依頼表現

☑ **Will you V原 .....?** ：V してもらえませんか？《依頼》
☑ **Would you V原 .....?** ：V してくださいませんか？《丁寧な依頼》
　　　　　　　　　　　　＝ **Could you V原 .....?**

Will you turn on the light?
▶明かりをつけてもらえませんか？《依頼》

Would [Could] you help me?
▶手伝ってくださいませんか？《丁寧な依頼》

この「Would you V原 ..... ?」は海外旅行でもかなり使えるから、
シッカリと覚えておいちゃおうね！
さ、いいかな？
一通り頭に入ったところで、CHECK問題にGO！

would を用いたその他の重要表現

☐ **would like to V原** (V したいものです)《←丁寧な want to V原》
　例：I would like to play tennis with you.
　　　(私は君とテニスがしたいものです。)
　※「I would」は「I'd」と省略されることもあるでしゅ。

CHECK問題

第6講のまとめ

★助動詞は文の形を変えたり、文に意味を付け加えたりする。
★助動詞 ── 肯定文：S ＋助動詞＋ V原
　　　　　├─ 否定文：S ＋助動詞＋ not ＋ V原
　　　　　└─ 疑問文：助動詞＋ S ＋ V原 .....?

問題 日本文に合うように、空所に最も適切な語句の番号を選びなさい。

☐1 君はそんなことをすべきではない。
　　You (　　) do such a thing.
　　① shouldn't　② don't　③ cannot　④ won't

☐2 昨日は早起きしなければなりませんでした。
　　I (　　) get up early yesterday.
　　① might　② have to　③ must　④ had to

☐3 テニスをしませんか？
　　(　　) play tennis?
　　① Shall　② Shall you　③ Shall we　④ Shall I

☐4 彼女はすぐに歩けるようになるでしょう。
　　She (　　) walk soon.
　　① will can　　　　　　② will be able to
　　③ is going to can　　④ can be going to

☐5 あなたは歴史学で悪い成績をとるかもしれません。
　　You (　　) get a poor grade in history.
　　① should　② must　③ will　④ may

解答・解説

ここがポイント!

★助動詞の意味と使い方はキッチリと覚えよう！
★いつの話をしているのか、時制にも注意！
★助動詞を使うのは1つの文に1回のみ。

□**1** 正解＝①　★「Ｖすべきではない」は、**should** の否定なので「**should not**［**shouldn't**］」となる。したがって①が正解。

□**2** 正解＝④　★「Ｖしなければならない」は「must ＝ have to」だが、この文は昨日の話なので、**過去形**にしなければならない。よって④が正解。must 自体には過去形が存在しないので、must を過去にしたいときは have to の過去形である had to を使う。

□**3** 正解＝③　★「Ｖしませんか？」と相手を誘う表現は「Shall we V原?」。よって③が正解。他にも相手を誘う表現には、Let's V原（Ｖしましょう）、How about Ving?（Ｖしませんか？）、What do you say to Ving?（Ｖしませんか？）などがある。

□**4** 正解＝②　★「歩けるようになる」のは未来の話なので will を使う。また、「歩ける」は可能の意味なので、can を使いたいが、**助動詞は1つの文（節）に1回しか使えない**。よって can と同じ意味をもつ be able to を使った②が正解。

□**5** 正解＝④　★「Ｖするかもしれない」という推量は may を使う。よって、④が正解。他の選択肢は、文法的にはおかしくないけど、意味が合わないのでダメ。

第7講 助動詞② 〜慣用的な助動詞表現〜

今回は2語以上のカタマリで1つの助動詞として働く表現をバンバン押さえていきますぜ親分！

今回の主役
慣用的な助動詞表現

had better や used to のように、2語以上の単語がカタマって1つの助動詞の働きをするものもあるんだよね。▼
今回はそういった慣用的な助動詞表現をバンバンおさえていくよ！

I 注意すべき慣用的な助動詞表現

☑ **had better V原** ：Vした方がよい
☑ **had better not V原**：Vしない方がよい

You had better go to the office at once.
▶君はすぐに出勤した方がよい。

You had better not attend the meeting.
▶君はその会合に出席しない方がよい。

had better（had だけど現在の意味！）の否定は had better not V原。not の位置を間違う人が多いので、何度も声に出して覚えてしまおう！

▼ 助動詞ではないけど助動詞と考える!?
前の講でやった「be able to」や「have to」とか、今回やる「had better」などは、正確には助動詞ではないナリ。でも、受験用としては「助動詞の一種」と覚えておいた方がいいので、この本ではそういう扱いをしているナリよ。

had better は、ときに忠告・命令の意味を表す強い表現になるので、目上の人には使わない方がよい、ということも頭に入れておくべし！

> ☑ **had best** V原　　　：Vするのが一番よい
> ☑ **had best not** V原　：Vしないのが一番よい

You **had best** leave now.
▶（君は）今出発するのが一番よい[今出発すべきだ]。

You **had best not** sit up late at night.
▶（君は）夜更かししないのが一番よい[夜更かしすべきではない]。

had better not V原 と同様に、not の位置に注意！
had best で1つの助動詞だと考えれば、
not の位置は間違えないよね！

> ☑ **ought to** V原　　　= should V原　　　：Vすべきだ
> ☑ **ought not to** V原 = should not V原 ：Vすべきではない

You **ought to** support your family.
▶君は自分の家族を養うべきだ。

You **ought not to** do such a thing.
▶君はそんなことをすべきではない。

ought to V原 は should V原 と同じような意味で使われるよ。
だから、上の例文では ought to の代わりに should も使えるからね。

> ☑ **used to** V原：かつてはよくVした　《過去の規則的習慣》▼
> 　　　　　　　　：かつてはVだった　　《過去の状態》

▼不規則な習慣→ would V原（かつてはよくVした）

used to V原 は過去の規則的な習慣だけど、would V原 は過去の不規則な習慣を表すことができるのよ。
例：I would go fishing when I was a child.
（私は子供のとき、よく釣りに行ったものだった。）

第7講 助動詞②

73

We used to go fishing in the lake.
▶私たちは、昔よく湖へ釣りに行ったものでした。《過去の規則的習慣》

There used to be a hospital on that hill.
▶かつて、あの丘の上に病院がありました。《過去の状態》

used to V原は、今はやっていないんだけど昔は習慣的にやっていたことや、昔の状態などを表現してあげる助動詞表現だよ。▼

☑ may [might] as well V₁原 (as V₂原)
：(V₂するくらいなら) V₁した方がましだ

You might as well throw your money into the sea as lend it to Ken.
▶ケンにお金を貸すくらいなら海へ捨てた方がましだ。

☑ may [might] well V原：Vするのももっともだ

You may well be surprised at the news.
▶君がその知らせに驚くのももっともだ。

☑ would rather V₁原 (than V₂原)：(V₂するよりも) むしろV₁したい
☑ would rather not V原　　　：むしろVしたくない

I would rather go out than stay home.
▶私は家にいるよりもむしろ外出したい。

I would rather not go to church.
▶私はむしろ教会に行きたくない。

I would V原はよく I'd V原という短縮形で表されるので要注意！

注意　▼その他のまぎらわしい「used to」に注意！
① be used to V原　：Vするために使われる
② be used to Ving：Vするのに慣れている

※例文は右ページ→

74

2 過去の出来事を後悔・推察する助動詞表現

まずは、過去の出来事を後悔する表現からおさえていこう！

> ☑ **need not have** V$_{pp}$ ：Vする必要はなかったのに（してしまった）
> ☑ **should have** V$_{pp}$ ：Vすべきだったのに（しなかった）

You need not have come at 5 o'clock.
▶5時に来る必要はなかったのに（来てしまった）。

You should have seen the view.
▶その景色を見るべきだったのに（見なかった）。

さあ、最後に過去の出来事を推察する助動詞表現いってみよう！

> ☑ **may [might] have** V$_{pp}$ ：Vしたかもしれない
> ☑ **must have** V$_{pp}$ ：Vしたに違いない
> ☑ **cannot have** V$_{pp}$ ：Vしたはずがない

Teddy may have left for Tokyo yesterday.
▶テディは昨日東京へ向けて出発したかもしれない。

He must have mistaken me for my cousin.
▶彼は、私をいとこと間違えたに違いない。

Jim cannot have written the poem by himself.
▶ジムが1人でその詩を書いたはずがない。

量が多くてちょっぴり大変だけど、
やれば確実に得点アップするとこなので、やらなきゃ損だよ！
では、CHECK問題で確認していこう！

例文

左ページ脚注（used to）の例文
① This knife is used to cut apples.
（このナイフはリンゴを切るために使われる。）
② I am used to cutting apples.
（私はリンゴを切ることに慣れている。）

CHECK問題

第7講のまとめ

★2語以上で1つの助動詞の働きをするものもある
★「助動詞 + have + V_{pp}」で、過去の出来事を後悔・推察する
★慣用的助動詞表現は not の入る位置に注意

問題 日本文に合うように、空所に最も適する語句の番号を選びなさい。

1 他の男性と結婚しておけばよかった。
I ( ) another man.
① married
② had married
③ should have married
④ should marry

2 君はここで待たない方がいい。
You ( ) here.
① had not better waiting
② had better not waiting
③ had not better wait
④ had better not wait

3 メアリーがその会議に出席したはずがない。
Mary ( ) the meeting.
① cannot attend
② couldn't attend
③ cannot have attended
④ couldn't be attended

4 学校を変わるくらいなら退学した方がましだ。
I ( ) quit than change my school.
① would rather
② may well
③ may as well
④ might as well as

5 昔はよく両親と口喧嘩をしたものだった。
I ( ) quarrels with my parents.
① am used to having
② am used to have
③ used to having
④ used to have

76

解答・解説

ここがポイント！

★ not の入る位置に注意！
- [ ] had better not V原　　：Vしない方がよい
- [ ] had best not V原　　　：Vしないのが一番よい
- [ ] would rather not V原　：むしろVしたくない
- [ ] ought not to V原　　　：Vすべきではない

□ **1**　正解＝③　★「Vすべきだったのに」などと過去の出来事を後悔するときは「should ＋ have ＋ V_{pp}」を使えばＯＫ。したがって③が正解。

□ **2**　正解＝④　★「Vしない方がよい」は「had better not V原」を使えばよいので④が正解。助動詞を含む否定文は、助動詞の直後に not を置く。「had better」は２語で１つの助動詞だと考えれば、not の位置は明らか。慣用的な助動詞表現では not の位置を聞く問題がよく出るので、シッカリと覚えておこう！

□ **3**　正解＝③　★過去の出来事の推察は、「助動詞＋ have ＋ V_{pp}」を使えば表現できる。「Vしたはずがない」は「cannot have V_{pp}」を使えばよいので③が正解。

□ **4**　正解＝①　★後ろに than があるので、③ではなく「would rather V_{1原}（than V_{2原}）」を使えばいいことがわかる。よって①が正解。英語は形で意味が決まることが多いので、形をバッチリおさえておこう！

□ **5**　正解＝④　★過去の規則的な習慣は「used to V原」で表現することができるので④が正解。③のような形は無いのでダメ。①・②・④の違いは P.74 脚注にある重要表現をシッカリとおさえておくこと！

第7講　助動詞②

第8講 受動態
～受動態の作り方とポイント～

今までは基礎の基礎って感じ
だったけど、ここからが本当の勝負！
その記念すべき第8講は「受動態」！

今回の主役
受動態
be + V_{pp} （V される）

…あのね、実は、今までずっと黙ってきたんだけど、
君たちにどうしても告白しなくちゃいけない話があるんだ。
実はね、今までやってきた「AがBをVする」という文のように、
動作をするものが主語になっている表現を**能動態**っていうんだよ。
それに対して、「BがAにVされる」のように、
動作を受けるものが主語になっている表現を、
受動態（または受け身形）というんだよね。
受動態のときは、動詞 V が「**be + V_{pp}**」という形になって、
「**Vされる**」っていう意味になるんだよ。
何言ってるのか不明な人も、これからが授業なので、ご安心めされ！
それでは、受動態とは一体何なのか!?　その謎にせまってみよう！

I 受動態

受動態とは、目的語（O）を主語（S）に変えた表現のこと。
例えば、**He loves Joan.**（彼はジョーンを愛している。）
という能動態の文があったとするよね。
これを「ジョーンは彼に愛されている。」という受動態の文にしたら、
どんな形になるかわかる？
ちょっと見てみよう。

【能動態】He loves Joan.
↓
【受動態】Joan is loved by him.
▶ジョーンは彼に愛されている。

この例文を見ればわかると思うけど、
能動態の文を受動態にするときは、次の手順をふめばいいからね。

> **● POINT ●**
> **受動態の作り方**
> ❶ 能動態の目的語（O）を受動態の主語（S）にする！
> ❷ 動詞（V）を「be ＋ V_{pp}」の形にする！
> ❸ 「by ＋行為者」を後ろに付ける！（省略も可）

例文でも、目的語だった **Joan** が、受動態では主語に変わっているね。
loves も「**is loved**」という「**be ＋ V_{pp}**」の形に変わっている。▼
受動態の最後には、**誰によって**その動作が行われているのかを、
「**by ＋行為者**」の形で書けばいい。
行為者のところには、能動態だったときの主語が入るよ。
例文では **He** が「愛する」という行為者だから、**by him** が付いてる。
行為者が代名詞のときは、「**I / my / me**」や「**he / his / him**」の3番目
（目的格）を使うんだね！

> **● POINT ●**
> **受動態でおさえてほしい3つのポイント**
> ① 意味／形：（～によって）Vされる／ be ＋ V_{pp} （＋ by ～）
> ② 受動態は目的語（O）を主人公（S）に変えた表現なので、もとの文には必ず O が必要
> ③ 「主語」と「時制」で is, am, are, was, were を使い分ける

▼ 英子「この『be ＋ V_{pp}』は、be動詞と一般動詞がくっついて、動詞が2つになっているわけじゃなくて、1つの動詞（V）のカタマリになっていると考えてね」
石田「なるほど。ちなみに、受動態の文を過去形にするときは、この"be"の方だけを過去形にすればいいんだね」

ポイントの②に「もとの文には必ず O が必要」と書いてあるけど、
これは、**受動態は第3文型・第4文型・第5文型でしか作れない**ということなんだ！
だって、第1文型と第2文型には O がないもんね！▼
というわけで、それぞれの文型の受動態の作り方をおさえていこう！
さっきやった受動態の作り方とポイントはシッカリ覚えた？
じゃ、サクサクいくからちゃんとついてきてね！

2 第3文型（SVO）の受動態

公式　【能動態】S + V + O
　　　【受動態】S + be + V_pp（+ by 行為者）

【能動態】Jim drew this picture.
　　　　　　　描いた　この　絵を
↓
【受動態】This picture was drawn by Jim.
　　　　▶この絵はジムによって描かれた。

能動態の文の O が S に変わって、動詞が「be + V_pp」になってるね。
過去の文だから「was drawn」になってることに注意！　じゃ、次。

【能動態】Linda took this picture in 1975.
　　　　　リンダは　撮った　この　写真を
↓
【受動態】This picture was taken by Linda in 1975.
　　　　▶この写真は、1975年にリンダによって撮られました。

わかるよね？　ちなみに「in 1975」のような修飾語句は、
文の最後にくるように残してあげればいいんだ。じゃ、次いこう！

補足　▶ 目的語（O）のある文だけが、受動態になれる！
Ｓ Ｖ Ｏ、Ｓ Ｖ Ｏ Ｏ、Ｓ Ｖ Ｏ Ｃ の文は、O を主語にして「〜される」
という意味の文に変形させることができるの。この変形させた形
を受動態というわけよね。だから、Ｓ Ｖ やＳ Ｖ Ｃ のように、O
がない文は受動態にはできないのよ。

【能動態】They speak English in Australia.
（彼らは　話す　英語を）
↓
【受動態】English is spoken (by them) in Australia.
　　　　▶オーストラリアでは英語が話されます。

ここで覚えておいてほしいことがあるんだな。
次のような場合には、「**by** +行為者」を省略するのがふつうなんだな。

> **● POINT**
>
> **「by +行為者」を省略する場合**
> ① 文脈から誰がその行為を行ったかが明らかにわかる
> ② 行為者が一般の人（**we, you, they** など）
> ③ 行為者がハッキリしない

例文にある them は、文の意味から「オーストラリアに住んでいる一般の人」だってわかるよね。だから省略してもいいんだね。
いい？　じゃ、次は **O** が2つある第4文型の受動態にいってみよう！

3　第4文型（SVOO）の受動態

> 公式　【能動態】　$S + V + O_1 + O_2$
> 　　　【受動態】① $S + be + V_{pp} + O_2\ (+\ by\ 行為者)$
> 　　　　　　　② $S + be + V_{pp}\ to\ O_1\ (+\ by\ 行為者)$

第4文型は **O** が2つあるから、2パターンの受動態が作れるよ。
つまり、O_1 が主語になった受動態と、O_2 が主語になった受動態、2つのパターンが作れるというわけだね。
名詞なら誰でも文の主人公［主語］になれるチャンスがあるんだね！
もう、ステキ！　ヒデキ、カンゲキ!!!
・・・では、例文を見よう。

【能動態】Lucy told us the story.
（話した／私たちに／その物語を）
↓
【受動態】We were told the story by Lucy.
▶私たちは、ルーシーによってその物語を話されました。

The story was told to us by Lucy.
▶その物語はルーシーによって私たちに話されました。

O_1 か O_2、どちらかを主語にして受動態を作った場合、もう片方の O はそのまま動詞（be + V_{pp}）の後ろに残るんだね。▼

4 第5文型（SVOC）の受動態

公式　【能動態】 S + V + O + C
　　　【受動態】 S + be + V_{pp} + C（+ by 行為者）

【能動態】The children call the dog Ishida.
（子供たちは／呼ぶ／その犬を／石田と）
↓
【受動態】The dog is called Ishida by the children.
▶その犬は子供たちに石田と呼ばれています。

第5文型も同じように、O を主語に変えて、V を be + V_{pp} に変えればいいんだね。C はそのまま動詞の後ろに残るのがポイントだよ。

5 群動詞を使った受動態

動詞には、**laugh at**（～を笑う）、**speak to**（～に話す）、**look at**（～を見る）のように、いつも「動詞＋前置詞」というセットで使う**群動詞**というヤツらがいるんだけど、こいつらは**セットで他動詞のカタマリ**と考えてあげよう。

▼ 第4文型 SVOO、もう1つの受動態
Lucy told us the story.
→ Lucy told the story to us.
第4文型はこのように第3文型に書きかえ可能ナリ。

【能動態】Her friends laughed at her.
　　　　（彼女の友達は　笑った　彼女を）
　　↓
【受動態】She was laughed at by her friends.
　　　　▶彼女は友達に笑われました。

laugh at は「〜を笑う」という群動詞（Vのカタマリ）なので、
受動態にすると「be laughed at」が1つの動詞になっちゃうのよ。
で、その動詞のあとに by her friends がくる。
このとき、「at by」のように前置詞が並ぶ変な形になるけど、
これでOKなので、勝手に at を消したりしないように注意してね！

● POINT
主な群動詞
- call at 場所：場所を訪れる
- call on 人：人を訪問する
- cut down 〜：〜を切り倒す
- laugh at 〜：〜を笑う
- speak to 人：人と話をする
- take care of 〜：〜の世話をする

6 by 以外の前置詞を使う受動態

【能動態】Everyone knows Jimmy.
　　　　（みんなは　知っている　ジミーを）
　　↓
【受動態】Jimmy is known to everyone.
　　　　▶ジミーはみんなに知られています。

この例文では、by 以外の前置詞（to）が使われているね。
このように、「〜によって」の部分に by 以外の前置詞がくる受動態は
他にもあるから、これは熟語として覚えてしまおう！▼
いい？　では、CHECK問題で、この講で覚えた知識を使ってみよう！

参考
▼ by 以外の前置詞を使う受動態（の例）
- be covered with 〜　：〜で覆われている
- be interested in 〜　：〜に興味がある
- be made from[of] 〜　：〔原料［材料］〕で作られている
- be surprised at 〜　：〜に驚く

第8講　受動態

第8講 CHECK問題

第8講のまとめ

★基本的な受動態の作り方★
① 能動態の目的語（O）を受動態の主語（S）にする！
② 動詞（V）を「be ＋ V_{pp}」の形にする！
③ 行為者（もとの S）を「by ＋行為者」の形で付ける（省略可）

問1　次の文を受動態に書きかえなさい。

☐ 1　Tony named the pig Rose.

☐ 2　Jane bought Jim a book.【Jim を主語にして】

☐ 3　They will invite Ken to the party.

問2　空所に最も適切な語句の番号を選びなさい。

☐ 4　Mary took care of the cat.
　　　＝ The cat (　　　) by Mary.
　　　① took care of　　② was taken care of
　　　③ took care　　　④ was taken care

☐ 5　チーズは牛乳から作られています。
　　　＝ Cheese is made (　　　) milk.
　　　① by　　② with　　③ from　　④ of

解答・解説

ここがポイント!

★助動詞がある文の受動態は、「助動詞＋ be ＋ V_{pp}」になる！

□**1** 正解＝ The pig was named Rose by Tony.
　　　　（訳：そのブタはトニーによってローズと名づけられた。）
★「the pig（**O**）＝ Rose（**C**）」（第5文型）の受動態。

□**2** 正解＝ Jim was bought a book by Jane.
　　　　（訳：ジムはジェーンに本を買ってもらった。）
★ Jim（O_1）を **S** に変えた受動態。

□**3** 正解＝ Ken will be invited to the party (by them).
　　　　（訳：ケンはそのパーティーに招待されるだろう。）
★助動詞が入っているときは、そのまま助動詞を残して受動態にする。つまり、「**助動詞**＋ be ＋ V_{pp}」の形にすればよい。助動詞の後ろの **V** は原形だから、be は原形のまま「will be V_{pp}」になる。

□**4** 正解＝② （訳：その猫は、メリーに世話されました。）
★もともと目的語（**O**）の位置にあった名詞が **S** に変化しているので、受動態にしなければならないというのがわかる。また、「take care of ～」はセットで使う群動詞なので、受動態にしても of が消えたりはしない。よって②が正解。

□**5** 正解＝③　★「be made of ＋**材料**」「be made from ＋**原料**」は頻出！材料とは、その製品を見たときに素材が目で見えるもの。原料は目で見えないものと考えよう。例えば「机は木でできている」の木は目で見えるから**材料**。「チーズは牛乳からできている」の牛乳は、チーズを見ても目には見えない［知識がないとわからない］から**原料**となる。

第9講 疑問詞と疑問文
〜疑問詞を使った疑問文〜

第9講では、「誰が？」「何を？」「いつ？」「どこで？」「どうやって？」など疑問を投げかける表現をやろうか！

今回の主役
「疑問詞(ぎもんし)」を使った疑問文

who（誰）、what（何）、which（どちら）、when（いつ）、where（どこ）、why（なぜ）、how（どうやって）などを疑問詞というんだけど、これらは大きく3つに分けることができるんだ。
① 名　詞をたずねるときの疑問代名詞（who、what、which）
② 形容詞をたずねるときの疑問形容詞（whose、what、which）
③ 副　詞をたずねるときの疑問副詞（when、where、why、how）
いい？　じゃ、①の疑問代名詞からいってみよう！

I 疑問代名詞

第2講で疑問文を勉強したよね。まずはその復習からしてみよう。

Does Nancy love Fred?
　▶ナンシーはフレッドを愛していますか？

一般動詞の疑問文は、このようになっていたよね。で、答えるときは、

　Yes, she does. / No, she doesn't.

というふうに、**Yes / No** で答えていたわけだね。
今回やる「疑問詞を使った疑問文」というのは、

▼疑問文の背面の色には注意ナリ！
疑問文は、**do** や **can** などの助動詞が主語の前に出るから、背面の桃色が2つに分かれた形になるけど、Vが2つになったわけではないから注意するナリよ。

このように Yes か No かをたずねる疑問文ではなく、
「**具体的な情報**」をたずねたいときに使う疑問文なんだ。
で、たずねたいのが「人」や「モノ」といった**名詞**の場合、
who などの**疑問代名詞**を使うわけ。
例えば、次の英文を見てみて！

　　Nancy loves Fred.
　　　▶ナンシーはフレッドを愛しています。

この名詞「Fred」の部分が不明だったとするよね。

　　Nancy loves [?].

こうなると、「**誰を愛しているの？**」って聞きたくなるでしょ？
もう、早く話してよ的な。具体的な情報が欲しいでしょ！？
もう、ほしがり屋さん！
・・・こういうときは、次のような手順で疑問文を作ればいいんだ！

　　Nancy loves [?].
　　　↓❶**不明な部分**を**疑問詞**に変える
　　Nancy loves who.
　　　↓❷**疑問詞**を**文頭**にもっていく
　　Who Nancy loves.
　　　↓❸**疑問詞**の後ろを**疑問文の形**にして最後に **?** を付ける
　★ Who does Nancy love?

これで、「ナンシーは誰を愛しているの？」という疑問文の完成！
「誰」という情報を聞きたかったので、疑問詞は who (誰) を使ったんだね。
疑問詞の後ろはふつう「疑問文の形」になることに注意してね！

> **POINT**
> **疑問詞を使った疑問文の形**
> **疑問詞**＋**疑問文の形**＋**?**　　　※一般動詞の「疑問文の形」は ☞P.31

たずねたい部分を**疑問詞**に変えて文頭にもっていき、
その後ろを「**疑問文の形**」にすれば OK ってわけだね。
では次に、**Nancy** の部分が不明で、
「**誰がフレッドを愛しているの？**」って聞きたい場合を見てみよう！

Nancy loves Fred.
→ [?] loves Fred.（Nancy の部分が不明）
　　↓ ❶不明な部分を疑問詞に変える
Who loves Fred.
　　↓ ❷疑問詞を文頭にもっていく（すでに文頭にあるからこのまま！）
Who loves Fred.
　　↓ ❸疑問詞の後ろを「疑問文の形」にして最後に ? を付ける
★ Who loves Fred?（疑問文の形にできないからこれで完成！）

疑問詞を使った疑問文はこのように作ればいいわけだね。
そうそう、基本的に**疑問代名詞**は「**3人称・単数扱い**」をするので、
上の文のように S が who などに変わった文では、
動詞に３単現の s が付くことにも注意してね！

じゃ、次いくよ。どんどん例文を見ていこう！

You have an eraser in your hand.
▶君は手に消しゴムをもっています。

この文の「an eraser」が不明で、
「君は手に何（what）をもっているの？」とたずねる文を作ってみよう！

❶→ You have what in your hand.
❷→ What you have in your hand.
❸→ What do you have in your hand?

人が不明なときは who（誰）を使うけど、
モノが不明なときは what（何）を使って疑問文を作るからね。
また、「どちら，どれ」をたずねたいときは、which を使うんだ。

例　Which do you like, tea or coffee?
▶紅茶とコーヒー、どちらが好きですか？

この**疑問代名詞 who・what・which** は、
S や O だった**名詞が変化したもの**なんだよ。
だから、疑問代名詞の後ろは必ず、
変化した S や O が抜けた形になるんだよ。

例　Who does Nancy love [O]?

　　Who [S] loves Fred?

2 疑問形容詞

疑問形容詞というのは、「**疑問代名詞の形容詞用法**」と考えていいよ。
つまり、**whose・what・which** を形容詞として**名詞の前**に置いて、
「whose 〜?」「what 〜?」「which 〜?」
　　誰の　　　　どんな　　　　どちらの
とたずねるときに使うことができるナイスな用法なんだよ。

例　**Whose pen is this?**
　　▶これは誰のペンですか？

　　What color does she like?
　　▶どんな色が彼女は好きですか？

　　Which dictionary can Jim use?
　　▶どちらの辞書をジムは使っていいのですか？

whose は、「疑問代名詞 who の所有格」なんだけど、
疑問形容詞として「誰の〜？」とたずねるときに使うんだ。

じゃ、この疑問形容詞を使った疑問文の作り方を見てみよう！
まず、次のような英文があったとするよね。

Jim can use this dictionary.
▶ジムはこの辞書を使うことができます。

よくあることだけど、この **this** の部分が不明で、
「**どの辞書をジムは使っていいの？**」と聞きたいときってあるよね。
そんなときは、まずはその不明な部分を [?] にすることから始めるんだよね。

石田「疑問詞を使った疑問文は、**S/V/O/C** が順番どおりに並んでいないよね？　S の前に疑問詞があったりして、何か変…」
英子「そうね。疑問詞を使った疑問文は、基本5文型の"不明なもの"を疑問詞に変えて文頭にもっていった文なの。つまり、基本5文型を"変形させた文"だと考えてね」

第9講　疑問詞と疑問文

Jim can use this dictionary.
→　Jim can use [?] dictionary. （this の部分が不明）
　　　　　↓ ❶不明な部分を疑問詞に変える
　　　Jim can use which dictionary.
　　　　　↓ ❷「疑問詞＋名詞」を文頭にもっていく
　　　Which dictionary Jim can use.
　　　　　↓ ❸疑問詞の後ろを「疑問文の形」にして最後に ? を付ける
★　Which dictionary can Jim use?

はい、ここで注意！
今回の this dictionary（この→辞書）の this のように、
形容詞の働きをする言葉を疑問詞に変えるときは、
必ず「疑問詞＋名詞」をカタマリで文頭に移動させること！
だって、形容詞と名詞をバラバラにしたら、
どの名詞を修飾していたのかわからなくなっちゃうからね！
○　Which dictionary can Jim use?　←おお、ナイスカップル！
×　Which can Jim use dictionary?　←運命の2人がハナレバナレに!?

3 疑問副詞

疑問代名詞は**名詞**をたずねるときに使ったけど、
「いつ？」「どこで？」「なぜ？」などというふうに、
副詞をたずねるときは**疑問副詞**を使うんだ。
疑問副詞というのは、**when**（いつ）、**where**（どこで）、**why**（なぜ）、
how（どうやって）の4つのことだよ。
ちょっと次の文を見てみよう。

　　　His sister cooked dinner last night.
　　　▶彼の姉は昨夜夕食を作りました。

例えば、この文の last night という副詞の部分が不明で、
「**いつ**彼の姉は夕食を作りましたか？」のように、
「いつ？」っていう**時**をたずねることってよくあるよね。
ということで、不明な部分を [?] にして疑問文を作ってみよう。

His sister cooked dinner last night.

→ His sister cooked dinner [?].（last night の部分が不明）

↓ ❶不明な部分を疑問詞に変える

His sister cooked dinner when.

↓ ❷疑問詞を文頭にもっていく

When his sister cooked dinner.

↓ ❸疑問詞の後ろを「疑問文の形」にして最後に ? を付ける

★ When did his sister cook dinner?

▶彼の姉はいつ夕食を作ったのですか？

そろそろ、疑問詞を使った疑問文の作り方も慣れてきたでしょ？
このように、疑問副詞を使ったときは、
副詞という「ただの修飾語」を疑問詞に変えているので、
疑問詞の後ろは名詞が抜けていない完全な文がくるからね！
疑問代名詞と疑問副詞のどちらを入れていいか迷ったら、
必ず疑問詞の後ろで名詞が抜けているのか、いないのかを確認だよ！
はい、じゃあもう一度、疑問副詞を使って疑問文を作ってみよう！

Glenn bought the wallet for two thousand yen.

▶グレンはその財布を２千円で買いました。　副詞のカタマリ

この文を、疑問副詞（how much）を使って、
「**いくらで買いましたか？**」という疑問文にしてみよう！

Glenn bought the wallet [?].

❶→ Glenn bought the wallet how much.

❷→ How much Glenn bought the wallet.

❸→ How much did Glenn buy the wallet?

この How much のように、切り離したらわからなくなるものは、
必ずセットで文頭に移動することを忘れちゃダメだからね！▼

▼「how ＋形容詞［副詞］」は疑問副詞の１つのカタマリ！

how は「どうやって？（方法）」の意味の他に、「どのくらい…？」という程度をたずねることもできるの。そのときは形容詞や副詞が how の後ろにくっついて、**how far**、**how much** などになるけど、２語で１つの疑問副詞になっていると考えてね。

> **POINT**
> **how で聞けることの例**
> ☐ how ：方法　　☐ how far ：距離
> ☐ how high ：高さ　　☐ how large ：大きさ
> ☐ how long ：長さ　　☐ how tall ：背丈
> ☐ how many ：数　　☐ how much ：量・金額
> ☐ how old ：年齢

4 間接疑問文

さあ、次はいよいよ疑問詞の大将の登場ですよ！
疑問詞を使った文には、実はなんとなんと、
間接疑問文(かんせつ)っていう大変ありがたい表現もあるのですよ！
間接疑問文っていうのは、**文中で疑問詞を使った文**のことね。
まずは間接疑問文の形を見てみよう！

I don't know what she wants.
▶私は、彼女が何を欲しがっているのか（ということ）がわからない。

今までは、文頭に疑問詞を置く疑問文をやってきたけど、
基本的に、疑問詞の後ろは「疑問文の形」になっていたよね。
しかし…、ハイ、ココ注目!!!
間接疑問文は疑問詞の後ろが「ふつうの文の形」になる！
さらに!!! 疑問詞から切れ目（ピリオドなど）まで、
1つの名詞のカタマリを作る働きをするという、
スゴイ機能の持ち主なんだよ！

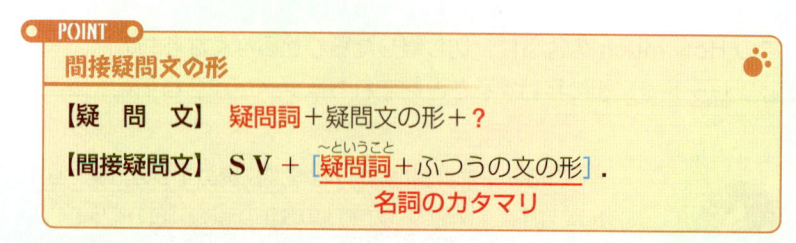

> **POINT**
> **間接疑問文の形**
> 【疑　問　文】 疑問詞＋疑問文の形＋？
> 【間接疑問文】 ＳＶ＋[疑問詞＋ふつうの文の形] ．
> 　　　　　　　　　　～ということ
> 　　　　　　　　名詞のカタマリ

例　Where does she play tennis?　　　（疑問文）
　　I don't know where she plays tennis.（間接疑問文）

例　Why are you so cute?　　　　　　（疑問文）
　　Please tell me why you are so cute.（間接疑問文）

いい？　じゃ、間接疑問文の作り方をやっていこうか。

What does she want?　I don't know that.
▶彼女は何を欲しがっているのですか？　私はそれを知らないのです。

I don't know を前に出して、この２つの文をくっつけて、
「私は彼女が何を欲しがっているのかわからない」
という１つの文を作ってみよう。

What does she want?　I don't know that.
↓ ❶ I don't know の後ろに What does she want? をつなげる
I don't know [what does she want]?
↓ ❷ [　] 内の疑問詞の後ろを「ふつうの文の形」にして ? を消す
★ I don't know [what she wants].

これで完成！　[what she wants] が名詞のカタマリになって、
know の目的語（that）の代わりになっているわけだね！
[　] は**名詞のカタマリ**という意味だからね。
ちなみに、ちょっと注意。次の英文を見てみて。

Do you know [how old he is] ?
▶彼が何歳か知っていますか？

この文は、Do you know ～ ? という疑問文の中で、know の目的語として「疑問詞＋文」という名詞のカタマリが使われているだけだから、文末の「?」は消しちゃダメ！　いいですかな!?

さて、疑問詞と疑問文がアヤフヤな人は本当に多いんだけど、
これで基本は完璧。なんの疑問もなくなったよね…!?
ということで、CHECK問題で確認してみよう！

第9講　疑問詞と疑問文

第9講 CHECK問題

第9講のまとめ

★ 疑問詞＋疑問文の形＋？　　→疑問文
★ SV ＋ [疑問詞＋ふつうの文の形].　→間接疑問文
　　　　　名詞のカタマリ

問題 日本文に合う英文になるように、空所に最も適する語句の番号を選びなさい。

1 フレッドはどこでその財布を見つけたのですか。
（　　）did Fred find the purse?
① When　② Where　③ Why　④ How

2 彼の身長はどのくらいですか。
（　　）is he?
① How much　② How long　③ How tall　④ How high

3 これとあれ、どちらの写真の方が好きですか。
（　　）do you prefer, this or that?
① What　　　　　② What picture
③ Which　　　　④ Which picture

4 君はどうしてそんなに笑うのですか？
（　　）makes you laugh so?
① Why　② How　③ What　④ Who

5 彼がいつ戻ってきたのか教えてください。
Tell me when (　　) back.
① he came　　　② did he come
③ came　　　　④ came he

解答・解説

ここがポイント！

★**疑問代名詞**：疑問詞の後ろで S や O となっていた
　　　　　　　名詞が抜けている
★**疑問形容詞**：必ず「疑問詞＋名詞」をセットで使う
★**疑問副詞**　：疑問詞の後ろは名詞が抜けていない

□**1**　正解＝②　★「どこで」という場所を聞いているし、疑問詞の後ろは名詞が抜けていない完全な文なので、疑問副詞の②が正解。

□**2**　正解＝③　★「身長（背丈）」を聞いているので③が正解。① How much は量・金額・程度をたずね、② How long は期間やモノの長さをたずね、④ How high は高さをたずねるが、人には使わない。

□**3**　正解＝④　★ this picture か that picture かわからないので「**どちらの写真か**」と聞いている。「Which picture」のようにセットでたずねないと、何をたずねているのかわからない。よって④が正解。

□**4**　正解＝③　★これができたらスバラシイ！　空所の後ろが疑問文の順番ではない。つまり、空所（疑問）が S の働きをしていて、S が抜けた形をしているので、疑問代名詞（What か Who）を使う。また、日本文は「誰が」ではないので、who ではない。よって、③の What が正解。S make 名詞 V原（Sが名詞にVさせる）という形なので、直訳は「何が君をそんなに笑わせるの？」となる。

□**5**　正解＝①　★疑問副詞 when が文中で使われた間接疑問文。間接疑問文では、疑問詞の後ろはふつうの文の形になるので①が正解。疑問副詞は、疑問詞の後ろに名詞が抜けていない完全な文がくるので、S が抜けた形になってしまう③はダメ。

第10講 命令文・感嘆文
～命令文と感嘆文の形～

この講では、命令表現と、「なんて～なんだ!」のように驚きっぷりを表現する言い方をマスターしてしまおう!

今回の主役
命令文と感嘆文

1 命令文

命令文とは、目の前の相手（you）に命令するときに使う文のこと。
S を省略して V原 で始まる文にすると命令文になるよ。

例文1

Open the door.
▶ドアを開けなさい。

命令は、目の前にいる you に向かってするのが当然だから、
主語（You）はいちいち言う必要がないってことで省略されるんだね。
動詞は V原 ということも忘れないようにね!
命令文の否定形（否定命令文という）は、
文頭に **Don't** を付けて「**Don't + V原 …… .**」という形にするだけ!
「V するな」「V してはいけない」という意味になるよ。

例 **Don't be afraid of the examination.**
　　▶試験をおそれてはいけない。

> 注意　命令文のあとにくる and と or の文は意味に注意!
> □ **V原（命令文）, and ……**（イイコト）.
> 　▶V しなさい、そうすれば …… （イイコトがある）。
> □ **V原（命令文）, or ……**（ワルイコト）.
> 　▶V しなさい、さもないと …… （ワルイコトがある）。

2 感嘆文

例えば、ムチャクチャ速く走る女性がいて驚いたとするよね。
「**She runs very fast.**」と言っただけではオレの驚きは伝わらねえ！
そんなとき、**感嘆や驚きなどの強い感情を表す**のが**感嘆文**なんだ。
例文2を見てみよう！

例文2

How fast she runs!

▶彼女はなんて速く走るのでしょう！

この例文のように、感嘆文は次のような形をとるからね。

● POINT ●

感嘆文の形

☐ **How** 　　　形容詞[副詞]（＋S V）！：なんて…なんでしょう！
☐ **What** a[an] 形容詞＋**名詞**（＋S V）！：なんて…な〜なんでしょう！
※ a[an]は、後ろの名詞が単数形のときに付く（複数形には付かない）。

形容詞や副詞を強調するときには、
「**How** 形容詞[副詞]（＋S V）！」を使うけど、
「形容詞＋名詞」（つまり名詞のカタマリ）を強調するときは、
「**What** a[an]形容詞＋**名詞**（＋S V）！」を使うからね。

例文3

What an exciting game (this is)!

▶なんて面白い試合なのでしょう！

感嘆文の最後に付く「**S V**」は、
How の感嘆文でも **What** の感嘆文でもよく省略されるから、
これも覚えておいてね。
はい、では CHECK 問題で確認してみましょう！

第10講 命令文・感嘆文

第10講 CHECK問題

第10講のまとめ

★**命令文**：V原 で始まる文にする（S は必ず You なので省略）
★**形容詞**［**副詞**］を強調する感嘆文：How 形容詞［副詞］（＋S V）!
★**形容詞＋名詞**を強調する感嘆文：What a［an］形容詞 名詞（＋S V）!

問題 空所に最も適する語句の番号を選びなさい。

☐ **1** 騒ぐな。
　　　（　　）noisy.
　　　① Aren't　　② Don't be　　③ You aren't　　④ Be not

☐ **2** なんてかわいい人形なんでしょう！
　　　（　　）doll!
　　　① How a pretty　　　　② What a pretty
　　　③ How pretty a　　　　④ What pretty a

☐ **3** 急ぎなさい、そうすれば終電に間に合いますよ。
　　　（　　）, and you will be able to catch the last train.
　　　① To hurry up　　　　② You hurry up
　　　③ Hurry up　　　　　④ Hurrying up

☐ **4** なんて寒いんでしょう！
　　　（　　）cold!
　　　① How　　② What　　③ How a　　④ What a

☐ **5** How fast is this train running（　　）
　　　①．（ピリオド）　　　　　　②？（クエスチョン・マーク）
　　　③！（エクスクラメーション・マーク）　④，（カンマ）

98

解答・解説

ここがポイント!

★感嘆文では How や What を使うけど、この How と What の後ろは疑問文の順番にはならない！

□**1** 正解＝②　★「Vするな」という**否定の命令文**なので、「Don't V原 ....」という形をとっている②が正解。この V原 のところに be 動詞の原形である「be」が入っている。

□**2** 正解＝②　★「かわいい人形」という「形容詞＋名詞」の感嘆文なので、「What a 形容詞＋名詞（＋ S V）!」の方を使う。よって②が正解。ちなみに名詞が複数のときは「What a」の a が消えて「What 形容詞＋名詞の**複数形**（＋ S V）!」になるから注意！

□**3** 正解＝③　★「Vしなさい」という**命令文**なので、V原 で始まっている③が正解。重要表現の「V原 （命令文）, and ....（Vしなさい、そうすれば ...... ）〔イイコトがある〕」と「V原 （命令文）, or ....（Vしなさい、さもないと ...... ）〔ワルイコトがある〕」は P.96 の脚注にまとめたので、シッカリ覚えてね！

□**4** 正解＝①　★「寒い」という**「形容詞」の感嘆文**なので、「How 形容詞（＋ S V）＝の方を使う。よって①が正解。

□**5** 正解＝②　（訳：この電車はどのくらいの速さで走っているのですか？）★「How fast」というカタマリの後ろが、**疑問文の順番**。これは第9講でやった疑問詞を使った**疑問文**。ということは、疑問文なので、最後に「?」が必要。したがって②が正解！　これひっかからなかった？疑問文には「?」が付いて、間接疑問文には「?」は付かないということにも注意してね！

第1章の総まとめ

- ●基本4品詞
  - ①名　詞：人・モノ・事柄の**名前**を表す言葉。
  - ②動　詞：主語の**動き**や**状態**を表す言葉。
  - ③形容詞：**名詞**を飾る(説明する)言葉。
  - ④副　詞：名詞**以外**を飾る(説明する)言葉。

- ●動詞
  - be動詞
  - 一般動詞
    - 自動詞
    - 他動詞

↓文の主要素	名詞	動詞	形容詞	副詞
S (主語)	◯	×	×	×
V (動詞)	×	◯	×	×
O (目的語)	◯	×	×	×
C (補語)	◯	×	◯	×

- ●基本5文型
  - 第1文型：**SV**
  - 第2文型：**SVC**
  - 第3文型：**SVO**　┐
  - 第4文型：**SVOO**　├ 受動態に変形できる
  - 第5文型：**SVOC**　┘ (O が主語になる)

  例外的な文の形
  - ●「It is ......」の文
  - ●「There is[are] ......」の文
  - ●疑問文・感嘆文　など
  ★これらは基本5文型を変形させた文!

- ●文の種類
  - ①ふつうの文
  - ②疑問文
  - ③命令文
  - ④感嘆文

  このそれぞれに**肯定文**と**否定文**の形がある。
  ※ただし感嘆文の否定文はマレなので本書では扱っていない。

- ●時制

	基本形	進行形	完了形
	現在形 — 現在進行形 — 現在完了形
	過去形 — 過去進行形 — 過去完了形(=大過去形)
	未来 — 未来進行形 — 未来完了形

- ●助動詞
  - ①文の形を変える助動詞
    - 例：do(does/did), have(has/had)
  - ②文に意味を付け加える助動詞
    - 例：will(would), can(could), may(might), shall(should), must
    - ※ought to, used to なども2語で1つの助動詞の働きをすると考えよう。

  これら助動詞は、否定文のときは直後に **not** が付き、疑問文のときは文頭に出る。後ろの **V** は必ず原形 ($V_{原}$) になる(have は例外)。

- ●疑問詞
  - ①疑問代名詞…名詞をたずねる（誰　何　どちら　**who, what, which**）
  - ②疑問形容詞…形容詞をたずねる（誰の〜　どんな〜　どちらの〜　**whose~, what~, which~**）
  - ③疑問副詞……副詞をたずねる（いつ　どこで　なぜ　どのように　**when, where, why, how**）

第2章
カタマリを作る文法

いくつかの語が集まって、名詞のカタマリになったり、形容詞や副詞のカタマリになったりすることがあるんだ。この章では、そんな「カタマリを作る文法」をやるよ。名詞・形容詞・副詞の働きをシッカリおさえてからスタートしよう！

解説動画

11
12
13
14
15
16
17
18
19
20
21

第11講 不定詞①
～名詞的用法～

第11講→第13講では、1人3役をこなすスゴイヤツ、みんな大好き「to 不定詞」をやっていくからね！

今回の主役
[to V原]
= V すること

不定詞とは、前置詞の **to** と動詞の原形（**V**原）がくっついて、「**to V**原」という形になったもののことだよ。
不定詞はね、「**to V**原」という形で**名詞**や**形容詞**や**副詞のカタマリを作る**という、1人3役をこなすスゴイヤツなんだよね。
まず最初は名詞のカタマリを作る不定詞にスポットを当ててみよう！

1 不定詞の名詞的用法

今回の主役の [**to V**原] は、名詞のカタマリを作ることができるんだ。
例文1を見てみよう！

例文1

To tell lies is wrong.
▶ウソをつくことはよくない。

まず、この文の **V** は？　**is** だよね。
V の前には **S** がくるでしょ!?
ということは、**is** の前にある [**To tell lies**]（ウソをつくこと）が、
名詞のカタマリになって、文の **S** になっているのがわかるよね。
このように、「**to V**原……」は名詞のカタマリになることができるからね。
名詞とは「人・モノ・事柄」だったよね（☞P.15）。

だから訳す場合は「**Vすること**」のように事柄扱いするといいよ。
ちなみに、不定詞の [**to V**原] は、V の前に to が付いていることで、
「**これは動詞じゃないよ！　動詞以外の品詞のカタマリに変わったよ！**」
という合図になっているので、**動詞と間違わないように注意！**▼
例文１の tell も、To tell という形で**名詞のカタマリ**を作っているよね。

例文１のように、S の位置に [**to V**原]（名詞のカタマリ）があるとき、
その**カタマリの位置に It を置いて、**
S のカタマリを文の最後にもっていくことが多いんだ。

例　It is wrong [to tell lies].

この **It** を**形式主語**と言ったりするんだけど、
後ろに [**to V**原] があるときは It を「それは」とは訳さずに、
[**to V**原] のカタマリ（真の主語）を S として訳すんだ。
だから、この文の訳は「[ウソをつくこと] はよくない。」になるよ。

　　　It is … (for 〜) to V原 ：**(〜が) V するのは…だ**

これは基本５文型の「例外」的な文の型なんだけど、
よく使う形なので、シッカリマスターしておこう！

さて、**名詞（のカタマリ）**は、S の他に、**O や C** にもなれるよね。
つまり、[**to V**原 .....] という不定詞の名詞的用法（名詞のカタマリ）も、
O や C になれるってことだよね。
今度はそれを確認していこう！
例文２を見てみて！

例文２

She likes to read magazines.
▶彼女は雑誌を読むことが好きです。

第 II 講　不定詞①

▼「to V原」は絶対に V じゃない！

補足

tell（話す）は動詞（V）だけど、to が付いて「to tell」になっていると、これは絶対に V じゃないの。V ではなく、名詞・形容詞・副詞のどれかに変化しているわけ。「to V原」の形は「これは V ではないよ！」という合図になっていると考えてね。

103

この文の **V** は？　…**likes** だよね。
「**like ～**」は「～が好きだ」という意味の他動詞なので、
後ろには**名詞**（**O**）が、つまり、
好きな人・モノ・事柄がこなくちゃいけない。
ということは、[**to read magazines**]（雑誌を読むこと）が名詞（**O**）
のカタマリになって、**She likes** [**to read magazines**].
となっているのがわかるよね！
それじゃあ、次に例文3を見てみよう！

例文3

My hobby is to collect old coins.
▶私の趣味は古いコインを集めることです。

この文の **V** は？　…**is** だよね。
is などの be動詞は、**S** と **C** はイコールですよという、
第2文型 **SVC** を作るのが基本の動詞だったよね。
ということで、**is** の後ろは補語 **C** がこなきゃいけない。
実はこの文では、[**to collect old coins**]（古いコインを集めること）が
名詞のカタマリになって、補語 **C** になっているんだよ。
「私の趣味＝古いコインを集めること」の関係が成り立ってるよね。

どう？　こんなふうに [**to V原**] が名詞のカタマリを作って、
S・O・C のカタマリになれるっていうのはバッチリ理解できた？
それでは、次にいってみましょう！

2 不定詞共通ルール① ～不定詞の意味上の主語～

次は、ムチャクチャ大切な不定詞の「**意味上の主語**」をやろう。
不定詞の名詞的用法 [**to V原**] は「Vすること」という意味だけど、

[　]＝名詞のカタマリ

[名]
〈形〉
（副）

[　] は、「これは**名詞のカタマリ**ですよ」という意味ナリ。ちなみに次の講でやる〈　〉は「**形容詞のカタマリ**」で、（　）は「**副詞のカタマリ**」という意味ナリよ。

「for ～ to V原」という形をとると、「～がVすること」のように、
不定詞の V原 にも主語を付けてあげることができるんだ。
例文4で確認しよう。

> **例文4**
> It is wrong for children to tell lies.
> ▶子供がウソをつくことはよくない。

この「for ～」を不定詞の**意味上の主語**っていうんだ。

ちなみに、「**意味上の主語が一般の人を指している場合**」は、
意味上の主語（for ～）は書かなくてもいいんだ。

例　It is wrong [to tell lies].
　　▶ウソをつくことはよくない。

この例文には「for ～」がないよね。
「ウソをつくことはよくない」のは一般的なこと（つまり主語は**一般の人**）
だから、意味上の主語は書いていないんだ。
一方、「**子供がウソをつくことはよくない。**」のような文を作りたいとき
は、「for ～」という意味上の主語を [to V原] の前に付けて、

　　It is wrong for children to tell lies.
　　▶子供がウソをつくことはよくない。

という形にするんだ。

**意味上の主語の作り方は、名詞のカタマリを作る不定詞だけじゃなく、
副詞のカタマリを作る不定詞でも同じ**なので、
何度も復習して絶対にマスターしよう！
それではさっそく、次ページの CHECK 問題を解いてみようか！

参考

▎カタマリの簡単な見抜き方

カタマリを作るものが、S の位置で名詞のカタマリを作るときは、**V の前**でカタマリは終了する。カタマリが V の後ろにきた場合は、カタマリはカンマやピリオドなどの**文の切れ目**で終了する。とりあえずそう考えると簡単ね！

第11講 CHECK問題

第11講のまとめ

★ [to V原] は「Vすること」という名詞のカタマリを作って S・O・C になれる！

★ 不定詞の意味上の主語
　＝ for ～ to V原（～がVすること）

問題 空所に最も適する語句の番号を選びなさい。

1 (　　) a foreign language is never easy.
　① Master　② To master　③ Mastered　④ Masters

2 I forgot (　　) him the message.
　① give　② gives　③ gave　④ to give

3 The car started (　　) at full speed.
　① run　② ran　③ to run　④ runs

4 His dream is (　　) a scientist.
　① be　② to be　③ been　④ to

5 It is very interesting (　　) biology.
　① to learn　② learns　③ learn　④ learned

解答・解説

ここがポイント!

★1つの文にVは1つしか使えない!
★名詞のカタマリがSの場合は、カタマリはVの前で終了! Vより後ろの場合、カタマリはカンマやピリオド等の文の切れ目で終了と考える!

□**1** 正解＝②　(To master) a foreign language is never easy.
　　　　　（訳：外国語を習得することは決して簡単ではない。）

★この文全体のVは!? … is だね! ということはVは1つしか使えないので①と④は×。is の前にはSのカタマリが欲しいので②が正解。カタマリはVの前で終了する。

□**2** 正解＝④　I forgot (to give) him the message.
　　　　　（訳：私は彼に伝言することを忘れた。）

★この文のVは forgot で、Vはもう使えないので、①・②・③は×。forgot の後ろにはO（＝名詞のカタマリ）が欲しいので④が正解。

□**3** 正解＝③　The car started (to run) at full speed.
　　　　　（訳：その車は全速力で走り始めた。）

★この文のVである started の後ろにはOのカタマリが欲しいので、Oのカタマリを作れる③が正解。

□**4** 正解＝②　His dream is (to be) a scientist.
　　　　　（訳：彼の夢は科学者になることです。）

★この文のVは is。is（be動詞）はSVCの第2文型をとるので、is の後ろにはCのカタマリが欲しい。したがって、Cのカタマリを作れる②が正解。

□**5** 正解＝①　It is very interesting (to learn) biology.
　　　　　（訳：生物学を学ぶことは非常に興味深い。）

★「it is … (for ~) [to V原]」で、「(~が) Vするのは…だ」という重要表現。it は [to V原] を指す形式主語とよばれ、本当のSは [to V原]。よって、この形になる①が正解。

第12講 不定詞 ②
～形容詞的用法～

英語は、カタマリが変わると意味も変わるので、カタマリの区別ができるようになろう！

今回の主役
名詞〈to V原〉
＝ V するための名詞

ナント、「to V原」は 名詞 の後ろに置くと、
その名詞を修飾（説明）する**形容詞のカタマリ**にもなれちゃうんだ！

名詞 〈to V原〉
　　説明

これを、不定詞の**形容詞的用法**というよ（この語順が重要!!）。
1人で3役もこなすという、まさに職人芸がキラリと光る不定詞！
前回は主役級の**名詞**のカタマリで登場したかと思ったら、
今度は名脇役の**修飾語**のカタマリにもなっちゃうんだから、
いやはや、不定詞は本当にシブイ！
では、例文1で確認してみよう！

例文1

Maria has friends to help her.
▶マリアには自分を手伝ってくれる友達がいる。

この文の **V** は **has** だよね！
名詞のカタマリは **S・O・C** になることができたけど、
今回は **S** も **O** も書いてあって第3文型 **SVO** ができあがってるから、
to help her は名詞のカタマリじゃないよね。
よく見ると、名詞 **friends** の後ろに **to help her** があり、
この **help** は **V原** だから、「 名詞 〈to V原〉」の形をとっているよね。

つまり、「to help her」が形容詞のカタマリを作って、
前にある名詞 friends を説明しているわけだね。

　　　Maria has friends ⟨to help her⟩.
　　　　　　　　　　↑説明

「名詞 ⟨to V原⟩」の 名詞 と ⟨to V原⟩ の間には、
「S（友達が）V（手伝う）」という関係があることにも注目してね。
そして、訳すときは
「Vするための→名詞」「Vする→名詞」
「Vするという→名詞」「Vすべき→名詞」
のように、前にある 名詞 にかかるように訳せばＯＫだよ！
さあ、続いて例文２を見てみよう！

例文２
I have something to do at home today.
▶私は、今日家ですることがあります。

この文も「名詞 ⟨to V原⟩」の形になっているね。
「to do at home」（家でするための）が形容詞のカタマリを作って、前
の something を説明してるんだね。
　　　I have something ⟨to do at home⟩ today.
　　　　　　　　　↑説明

名詞 と ⟨to V原⟩ の間の「O（何かを）V（今日家でする）」という関係（名
詞が to V の目的語になっている関係）にも注目してね。
次、例文３を見てみよう！

例文３
We made a plan to take a trip to Tokyo.
▶私たちは東京へ旅行する計画を立てた。

この文も「名詞 ⟨to V原⟩」の形をとって、

図説　「to V原」の後ろも「英語の並び方」どおり

文＝カタマリ
to V（→熟語どおり）

「to V原」の後ろには、Ｏ や Ｃ や副詞（修飾語）などが付いて１つ
のカタマリを作る場合が多いんだけど、このときも V原 の後ろの
語順は「英語の並び方」どおりなのよ。不定詞や動名詞や分詞は、
どこまでが１つのカタマリなのか注意しようね。

第12講　不定詞②

109

名詞（a plan）の後ろの to take a trip to Tokyo が、
「東京へ旅行するという→（計画）」のように、
形容詞のカタマリを作っているからね。
（to Tokyo の to は後ろが V原 じゃないので、前置詞の to だよ！）

We made a plan ⟨to take a trip to Tokyo⟩.
　　　　　　　　　　　　説明

名詞と ⟨to V原⟩ の間に「名詞（計画）＝その内容（東京へ旅行する）」という関係があることにも注目だね！▼

I 注意が必要な不定詞の形容詞的用法

形容詞的用法には、入試でよくねらわれる重要なポイントがあるのだ！
ちょっと例文4を見てみて！

例文4

I have no house to live in.
▶私には住む家がない。

この文では、**to live in**（形容詞のカタマリ）の部分が、
前置詞の **in** で終わっているね。前置詞の後ろに名詞が無い。
なんか変な感じはするけど、これは正しい文だからね。
実は、「名詞⟨to V原⟩」の名詞が、
後ろの ⟨to V原⟩ の目的語の関係になっているとき（☞P.109 例文2）、
**その名詞を形容詞のカタマリ ⟨to V原 …..⟩ の最後にもっていっても、
キチンとつながるようにしなければいけない**んだ。

× I have no house to live (the house)　←つながらない！
○ I have no house to live in (the house)　←つながる！
live は**自動詞**だから、
「live in ～」の形じゃないと名詞が後ろにくっつかないんだよね。

▼「名詞⟨to V原⟩」の複雑な関係！?
この名詞と不定詞⟨to V原⟩の関係は3つあるのサ。
①名詞が S で、⟨to V原⟩ が V である関係　（→例文1）
②名詞が ⟨to V原⟩ の目的語である関係　（→例文2）
③⟨to V原⟩ が名詞の具体的説明である関係　（→例文3）

だから前置詞 in を置く必要があるんだ。
あと２つくらい例文を見てみよう。

This is a pencil to write with. → a pencil がつながる！
▶これは書くための鉛筆です。

That is a chair to sit on. → a chair がつながる！
▶あれは座るためのイスです。

両方とも、名詞を〈to V原 .....〉の最後にもっていってもつながるよね。

2 不定詞共通ルール② ～不定詞の完了形～

さあ、今回もすべての不定詞に共通のルールをやって終わりにしよう。
今回は文の **V** が示す時よりも過去のことを表すときの不定詞の形、
不定詞の完了形をやるよ！

例文5
She seems to have been sick.
▶彼女は病気だったように見える。

「seem to V原」で「Vするように見える」という意味だけど、
She seems to be sick.（彼女は病気のように見える）と何が違う？
不定詞のカタマリを「to have V_{pp}」にすると、
そのカタマリは**文の V（seems）よりも過去の出来事である**、
ということになるんだよ。

She seems to be sick.
▶彼女は【今】（～のように）見える、【今】病気であると。

She seems to have been sick.
▶彼女は【今】（～のように）見える、【過去】病気だったと。

ほほう。なかなかの違いがありますな。…っていうか、全然違うし!!!
不定詞の完了形「to have V_{pp}」は、文の V よりも過去の事柄を表す！
これ、忘れないでね！

第12講 不定詞②

第12講 不定詞②

CHECK問題

第12講のまとめ

★不定詞〈to V原〉は、名詞の後ろに付いて、その名詞を修飾（説明）する**形容詞のカタマリ**になることもできる。

★「名詞〈to V原〉」は、「Vするための→名詞」のように、形容詞のカタマリ〈to V原〉が前の名詞にかかるように訳す！

問題 空所に最も適する語句の番号を選びなさい。

☐ 1. I had many things (　　) last night.
　　① does　　② did　　③ to did　　④ to do

☐ 2. She wanted a friend (　　).
　　① talked　　② talking　　③ to talk with　　④ talking with

☐ 3. Kimiko has no time (　　) her homework.
　　① do　　② to do　　③ did　　④ doing

☐ 4. I want a book (　　) in the train.
　　① read　　② reads　　③ reading　　④ to read

☐ 5. Do you want something hot (　　)?
　　① to drink　　② drinking　　③ drank　　④ drinks

解答・解説

ここがポイント！

★ 1つの文にVは1つしか使えない！
★ 名詞の後ろには、その名詞を説明する形容詞のカタマリを付けることができる！

□1 　正解＝④　I had many things (to do) last night.
　　　　　（訳：私は昨夜すべきことがたくさんあった。）

★ 1つの文にVは1つしか使えないので①と②は×。空所の前に名詞（things）があり、空所にはその名詞を飾る形容詞を入れることができるので、形容詞のカタマリを作る④が正解。

□2 　正解＝③　She wanted a friend (to talk with).
　　　　　（訳：彼女は話をする友達を欲しがっていた。）

★ 彼女は friend を欲しがっていて、空所には**どんな** friend なのかという説明が入るので、形容詞のカタマリを作る③が正解。「talk with ～（～と話す）」という熟語も重要。①・②・④がダメな理由は第15講でやるからね！

□3 　正解＝②　Kimiko has no time (to do) her homework.
　　　　　（訳：キミコは宿題をする時間がない。）

★ この文のVは has で、1つの文にVは2つ使えないので①と③は×。「時間がない」と言っているが、**何をするための**時間がないのかという説明が必要なので②が正解。

□4 　正解＝④　I want a book (to read) in the train.
　　　　　（訳：電車の中で読む本が欲しい。）

★ 1つの文にVは2つ使えないので①と②は×。「本」が欲しいと言っているが、「**電車で読むための→本**」のように、空所には前の名詞の説明が入るので④が正解。

□5 　正解＝①　Do you want something hot (to drink)?
　　　　　（訳：あなたは何か温かい飲み物が欲しいですか。）

★「-thing 形容詞 to V原」は、「-thing」（名詞）と「to V原」の間に hot や cold などの**形容詞**が入って、「何かVする**形容詞な**もの」と訳す重要表現。

第12講　不定詞②

113

第13講 不定詞 ③
～副詞的用法 & 原形不定詞～

1人3役
副詞役
to V原

副詞のカタマリを作る不定詞は、なぜか苦手な人が続出！アイツに差をつけるチャンスだ！

今回の主役
（to V原）
＝7パターンの意味を付け足す

不定詞の「to V原」は、**副詞のカタマリ**を作って、
「名詞以外の品詞」や「文全体」を修飾することもできる！
これを不定詞の**副詞的用法**というんだよ。
副詞はただの修飾語句（付け足し）だから、
基本5文型を使って文を完成させたあとに、
オマケとして次の**7パターン**の意味を付け足すのが（to V原）（副詞のカタマリ）の働きなんだ。

① 目的　② 感情の原因　③ 判断の根拠　④ 結果　⑤ 程度
⑥ 条件　⑦ 形容詞を修飾　※①～⑤がメイン

色々あるけど、「説明を付け足している」という点は同じ。
あまり判別に神経質にならなくても大丈夫だからね！

I 不定詞の副詞的用法

例文 1

I worked hard to support my family.
▶私は自分の家族を養うために、一生懸命働いた。←① 目的

この例文1は7つのパターンの1つ目、**目的**を付け足した文だよ。

I worked hard.　（私は一生懸命働いた。）

だけで、すでに第１文型が完成しているよね！
（**hard** は副詞だから、**S・V・O・C** にはなれない！）
不定詞（**to V**原）は、すでに完成した文に「**V するために**」「**V するように**」
のような**目的**の意味を付け足すことができる便利なヤツなんだよね。

I worked hard（to support my family）.
　　　　　　　　　目的

▶私は一生懸命働いた（←私の家族を養うために）。

また、この**目的**を付け足す不定詞は日常的によく使われるので、
「これは**目的**を付け足す不定詞だよ！」とすぐわかるように、

☐ **in order to V**原：**V するために**（目的）
＝ **so as to V**原

という形で表現されることも多いんだ。
だから、例文１は

　　I worked hard（in order to support my family）.
　　I worked hard（so as to support my family）.

としてもいいんだよ。
それでは次、例文２へいってみよう！

例文２
I am happy to see you again.
▶私はあなたに再会して嬉しいです。←② 感情の原因

これは２つ目のパターンで、**感情の原因**を付け足した文。
（**to V**原）は、感情を表す語（**happy** など）の後ろに、
なぜそのような感情になったのか、
という感情の原因を付け足すときにも使えるんだね。

I am happy（to see you again）.
　　　　　　感情の原因

▶私は嬉しい（←あなたに再会して）。

感情の原因は、「**V して**」のように訳すとうまくいくよ。
次、例文３を見てみようか！

例文3

She must be crazy to say such a thing.
▶そんなことを言う**なんて**、彼女は気が狂っているに違いない。←③ **判断の根拠**

(**to V**原)は、判断を表す文の後ろに、なぜそのような判断をしたのか、という**判断の根拠**を付け足すときにも使うこともできるからね。

She must be crazy. （彼女は気が狂っているに違いない）

と判断して、その判断の根拠を(**to V**原)で付け足してるんだね！

She must be crazy (to say such a thing).
　　　　　　　　　　判断の根拠

▶彼女は気が狂っているに違いない (←そんなことを言うなんて)。

判断の根拠は、「**Vするなんて**」のように訳すときれいに訳せるよ！
さあ、どんどんいくよ！　次は例文4を見て！

例文4

She grew up to be a famous singer.
▶彼女は成長**して**有名な歌手になった。←④ **結果**

これは4つ目のパターンで、**結果**を付け足した文だよ。

She grew up (to be a famous singer).
　　　　　　　結果

▶彼女は成長した (←そして（その結果）有名な歌手になった)。

「**そして（その結果）〜する**」という意味を付け足すんだね。
結果を付け足す用法は、熟語として出ることが多いので、この授業では次の頻出4パターンをおさえてしまおう！▼

❶ grow up to be 〜 ：成長して〜になる
❷ live to be 年齢　：〜歳まで生きる
❸ ..... never to V原　：..... そして決してVしない
❹ ..... only to V原　：..... そして結局Vするだけだ

例文
❷ My grandmother lived to be ninety.
　（私の祖母は90歳まで生きた。）
❸ He left the town in 1975, never to come back.
　（彼は1975年にその町を出て、二度と戻らなかった。）
❹ I worked hard to pass the test, only to fail.
　（私は試験に合格しようと懸命に勉強したが、結局失敗してしまった。）

> 例文5

> He was kind enough to help old people.
> ▶彼はお年寄りを手助け**する**ほど親切だった。←⑤ 程度
> ▶彼は親切**にも**お年寄りの手助けをした。

程度は熟語で使うのが基本なので、頻出パターンをマスターしよう！
- □ … enough to V原 ： Vするほど…／…にもVする
  = so … as to V原
- □ too … to V原 　　： あまりに…なのでVできない
  ※「…」には形容詞か副詞が入る

さあ、今までの①〜⑤が、不定詞の副詞的用法のメインなんだけど、その他にも覚えておいてほしい用法が2つあるんだな。
例文6を見てみよう！

> 例文6

> To hear her speech, you would take her for a scholar.
> ▶彼女の話を聞い**たら**、あなたは彼女を学者だと思うだろう。←⑥ 条件

これは6つ目のパターンで、**条件**を付け足した文だよ。
「条件」は第24・25講でやる仮定法とセットで使うパターンだよ。
この（**to V原**）が文頭に付いてるように、
目的と**条件**の（**to V原**）は**文頭に付けることもできる**からね！
では、最後のパターン、例文7を見てみよう！

> 例文7

> That river is dangerous to swim in.
> ▶あの川は泳ぐ**には**危険です。←⑦ 形容詞を修飾

これは、（**to V原**）が副詞のカタマリなので、
単純に**形容詞を修飾**することもありますよという例だよ。

　　That river is dangerous （to swim in）.
　　　　　　　　　　危険な
　　　　　　　　　　　　　　　形容詞を修飾

副詞は名詞以外を修飾するという、一番基本的な使い方だよね。

さあ、これで副詞のカタマリを作る不定詞はおしまい！
7パターンのカタマリを付け足すだけだからムチャクチャ簡単でしょ？
結局、足りない説明を後から付け足しているだけだよね。
何度も読んでシッカリと頭にこびりつかせてね！

2 不定詞共通ルール③ 〜不定詞の否定形〜

では、今回は**不定詞の否定形**をマスターしておこう！
例文8を見て！

例文8

Take care **not** to catch a cold.

▶風邪をひかないように気をつけなさい。（不定詞の副詞的用法の否定形）

「Vしないように」のように、「to V原」の部分を否定したいときは、
「**not** to V原」や「**never** to V原」とすればいいからね。
「in order to V原」や「so as to V原」の否定形は、
「in order **not** to V原」「so as **not** to V原」になるよ。
つまり「to V原」の直前に **not** を付ければいいだけ。余裕だね！

3 原形不定詞

さて、では番外編ということで、**原形不定詞**の話もしておこうかな。
原形不定詞っていうのは、「to V原」の to がなくなって、
「V原」だけになってしまった形（to 無しの不定詞）のことなんだよ。
原形不定詞は「**使役動詞**」や「**知覚動詞**」の文でよく使うからね。
「**使役動詞**」とは「〜にVさせる」という意味をもつ動詞のこと。
次の3つを覚えてほしいという願望が私にはある！
- □【強制】make 〜 V原：〜にVさせる
- □【依頼】have 〜 V原：〜にVさせる［してもらう］
- □【許可】let 〜 V原：〜にVさせる［させてあげる］

じゃあ、例文で確認していこうか。

> **例文9**
> He let the children swim in the river.
> ▶彼は子供たちを川で泳がせた。

この文の動詞は let だよね。
一瞬 swim が動詞か？と思ってしまうけど、
よく見ると使役動詞を使って、
「let ～ V原」の形をとっていることに気がつくよね。

さて、次は「**知覚動詞**」だけど、
知覚動詞とは「見る・聞く」など人間の五感を表す動詞のこと。
この知覚動詞も、使役動詞と同じような形をとるんだ。
- see　～ V原：～がＶするのを見る
- hear　～ V原：～がＶするのを聞く
- feel　～ V原：～がＶするのを感じる

> **例文10**
> I saw the man go into my house.
> ▶私は、その男性が私の家へ入るのを見た。

この文の動詞は saw だよね。
go も動詞のように思ってしまうけど、
saw（see の過去形）という知覚動詞を使っていることに注目。
このように、**使役動詞と知覚動詞は、**
「S ＋ V ＋名詞（O）＋ V原（C）」という形をとるんだね。
この C に原形不定詞（to 無しの不定詞）がくるのを忘れないでね！▼
さあ、これで今回の授業はおしまい！
CHECK問題へ Let's go！

第13講　不定詞③

▼ 原形不定詞の使い方

原形不定詞は「S ＋使役[知覚] 動詞＋ O ＋ C（原形不定詞）」という形で使うことが多いヒョ。第５文型 **SVOC** は、「O ＝ C」という関係だったけど、ここでは「O が C する」という関係になっているんだヒョ。

119

第13講 CHECK問題

第13講 不定詞③

第13講のまとめ

★不定詞の（**to V**原）は、文に以下7パターンの意味を付け足す副詞のカタマリになれる！

①**目的**　②**感情の原因**　③**判断の根拠**　④**結果**　⑤**程度**
⑥**条件**　⑦**形容詞を修飾**

問1 次の文の不定詞が付け足している意味を選びなさい。

☐ **1** Dick was sad to hear the news.
　① 目的　　　　② 感情の原因　　③ 判断の根拠
　④ 結果　　　　⑤ 程度

☐ **2** Jim studied hard to pass the examination.
　① 目的　　　　② 感情の原因　　③ 判断の根拠
　④ 結果　　　　⑤ 程度

問2 空所に最も適する語句の番号を選びなさい。

☐ **3** I saw her (　　) the room.
　① to enter　　② enters　　③ entered　　④ enter

☐ **4** I was careful (　　) mistakes.
　① to not make　　　② to no make
　③ not to make　　　④ no to make

☐ **5** Mick was (　　) take care of the sick bird.
　① enough to kind　　② kind enough to
　③ enough kind to　　④ kind to enough

120

解答・解説

ここがポイント！

★不定詞の否定形は「not to V原」！
★「使役［知覚］動詞」は、
　「S ＋ **使役[知覚]**動詞＋名詞＋ V原」
　という形をとる！

□**1**　正解＝②　Dick was sad to hear the news.
　　　　　（訳：ディックはその知らせを聞いて悲しんだ。）
★ Dick was sad. で第２文型が完成し、「to V原」の前に名詞がないので、「to V原」は形容詞のカタマリではなく、副詞のカタマリの付け足しだとわかる。今回は「sad（悲しい）」という**感情**が書いてある文への付け足しなので、②が正解。

□**2**　正解＝①　Jim studied hard to pass the examination.
　　　　　（訳：ジムはその試験に合格するために一生懸命勉強しました。）
★ Jim studied hard. で第１文型が完成し、「to V原」の前に名詞がないので、副詞のカタマリの付け足しだとわかる。今回は一生懸命に勉強した**目的**が付け足されているので、①が正解。

□**3**　正解＝④　I saw her (enter) the room.
　　　　　（訳：私は彼女がその部屋へ入るのを見ました。）
★ saw（見た）という知覚動詞を使った文なので、「S ＋知覚動詞＋名詞（O）＋ V原（C）」という第５文型（S は O が C〔V原〕するのを知覚する）をとる。よって④が正解。

□**4**　正解＝③　I was careful (not to make) mistakes.
　　　　　（訳：私は間違いをしないように注意した。）
★不定詞の否定形は「not to V原」なので、③が正解。ちなみにこの文の不定詞（to V原）は副詞のカタマリ（目的）。

□**5**　正解＝②　Mick was (kind enough to) take care of the sick bird.
　　　　　（訳：ミックは親切にも病気の鳥の世話をした。）
★重要熟語の「… enough to V原（V するほど…／…にも V する）」が頭に入っているかを確認する問題。もちろん②が正解。

第14講 動名詞
~名詞のカタマリを作る Ving~

この講では、元々が動詞なのに名詞の働きをする「動名詞」の登場！不定詞の名詞的用法との違いに注目！

今回の主役
[Ving]（Vすること）
≒ [to V原]（名詞のカタマリ）

I 動名詞 = Ving = Vすること

ついに来ましたよ！　お待ちかねの動名詞タイム !!!
もう、ボクなんてドキドキしちゃって、夜しか寝られなかったからね！
・・・それはさておき、さっそく始めるよ、動名詞！
動名詞とは、動詞に ing を付けて名詞にしたもののこと。

例　study（勉強する）＝動詞　→　studying（勉強すること）＝動名詞

動名詞は名詞なので事柄扱い。
つまり「Vする**こと**」と訳すのが基本！
第11講でやった不定詞の名詞的用法 [to V原] と同じだね。

V（動詞） → Ving ≒ to V原（名詞（Vすること））

ただ、[to V原] と基本的には同じなのに、**違う点もある**んだよね。
そこをシッカリとおさえるのが動名詞マスターの重要ポイントだよ！
動名詞の作り方は、基本的に「**動詞の原形＋ing**」という形にすればOK。
be動詞なら be → be**ing**、一般動詞なら play → play**ing** のようにね。

※「**Ving の作り方**」がわからない人は巻末資料7（P.223）へ GO！

では、例文で確認していきましょう！

> 例文 1
>
> Playing soccer is a lot of fun.
> (= To play soccer is a lot of fun.)
> ▶サッカーをすることはとても楽しいです。

この例文の動詞は？　…そう、is だよね。
Playing は **ing** が付いて動詞じゃないよって教えてくれているので、
「動詞は **Playing**！」とか余裕な顔して間違わないように！
この **Playing** は、is の前で［**Playing soccer**］（サッカーをすること）
という名詞のカタマリ…つまり **S のカタマリ**を作っているんだね。
不定詞と同じく、名詞のカタマリを作るものが **S** の位置にきたときは、
カタマリは文の動詞の前で終了するというルールを覚えておこう！

動名詞は名詞だから、**S** の他に **O** や **C** にもなれるよ。
それを見てみよう。

　　My hobby is growing flowers.　→動名詞は **C** のカタマリ▼
　　▶私の趣味は花を育てることです。

　　May likes listening to music.　→動名詞は **O** のカタマリ
　　▶メイは音楽を聞くことが好きです。（※ listen to ～〔～を聞く〕）

このように、**動名詞は S・O・C になれる**わけだね。
あとね、**動名詞は名詞だから、前置詞の後ろにくる**こともあるからね。

　例　**Roy is good at playing golf.**
　　　▶ロイはゴルフをするのが得意です。

この文では、熟語「**be good at ～**（～が得意である）」の前置詞 **at** の後
ろで［**playing golf**］という名詞のカタマリを作ってるよね。
ただし、この文は［**to V原**］で書きかえができないんだよね。

> ▼動名詞と進行形の間違いに注意ナリ！
>
> 「**S + be + Ving .....**」という形の文の「**be + Ving**」という部
> 分は、進行形と動名詞の間違いに注意するナリ！　日本語に訳し
> てみて、「**V しているところだ**」なら**進行形**で、「**V すること**」だ
> ったら**動名詞**だと考えて区別するナリよ！

第14講　動名詞

ここが動名詞と不定詞 [to V原] の違い!!
実は、**前置詞の後ろでは、動名詞の [Ving] を使えるけど、
[to V原] は使えない**んだ!!
○ Roy is good at playing golf. (動名詞)
× Roy is good at to play golf. (不定詞)
ここ、重要なポイントだからシッカリと覚えておこう。

2 動名詞と不定詞（名詞的用法）の違い

動名詞 [Ving] と不定詞 [to V原] は同じ「Vすること」だけど、
さっきのように、同じように使えない場合があるんだよね。
[Ving] の代わりに [to V原] が使えないのは他にどんなときなのか、
例文2を見てみよう！

例文2

We finished cleaning our classroom.
▶私たちは、自分たちの教室の掃除を終えました。

他動詞 finished の後ろで cleaning が名詞のカタマリを作ってるね。
この [Ving] のカタマリは **O** のカタマリだから、
[to V原] で書きかえられると思っちゃうけど、それは×！
実は **O** のカタマリとして [to V原] が**使えない動詞がある**んだ！
そんな動詞の**ヒデキ12選**を、今ここで覚えちゃいましょう！

POINT

O として [Ving] を使う動詞たち

1. ☐ stop　　　[Ving] ：Vするのをやめる
2. ☐ finish　　[Ving] ：Vし終える
3. ☐ deny　　　[Ving] ：Vしないと言う
4. ☐ enjoy　　 [Ving] ：Vして楽しむ
5. ☐ mind　　　[Ving] ：Vするのを気にする
6. ☐ escape　　[Ving] ：Vするのを逃れる
7. ☐ give up　 [Ving] ：Vするのをやめる
8. ☐ admit　　 [Ving] ：Vする [した] のを認める

```
 9 □ miss      [Ving] ： Vしそこなう
10 □ avoid     [Ving] ： Vするのを避ける
11 □ postpone  [Ving] ： Vするのを延期する
   = put off   [Ving]
12 □ practice  [Ving] ： Vするけいこをする
```

これは、それぞれの頭文字をゴロにして、
SFDE MEGA MAPP（SFで目がマップップ）
と覚えておこう!!（意味不明だけど）

3　[Ving] と [to V原] で意味が変わる動詞

動詞には、後ろに [Ving] がきたときと [to V原] がきたときで、
その意味が変わってしまうものもあるからね。

例文3

I remember seeing her at the store.
▶私はその店で彼女に会ったのを覚えている。

I remember to see her at the store.
▶私はその店で彼女に会うのを覚えている[忘れずに会います]。

最初の文は **seeing**、あとの文は **to see** で書いてあるよね。
実は、**remember** は、後ろに [Ving] がきたときは「(**過去**に) Vした
ことを覚えている」という意味になるけど、
[to V原] がきたときは「(**未来**に) Vすることを覚えている [忘れずにV
する]」のように、意味が変わってしまうからね。▼
こういった動詞を覚えておこう！

▼ [Ving] は過去、[to V原] は未来のこと
基本的に、動名詞と不定詞には次のような違いがあるの。動名詞
と不定詞で意味が変わる動詞はこれを基準に覚えてね！
● [Ving]　＝過去にしたこと（すでに終わったこと）
● [to V原]　＝未来にすること（まだしてないこと）

POINT
[Ving] と [to V原] で意味が変わる動詞たち

- remember [Ving]　：Vしたことを覚えている
- remember [to V原]：Vすることを覚えている〔忘れずにVする〕
- forget [Ving]　　：Vしたことを忘れる
- forget [to V原]　：Vするのを忘れる▼
- stop [Ving]　　　：Vするのをやめる
- stop (to V原)※　：Vするために立ち止まる（副詞的用法〔目的〕）

※ stop の後ろに [to V原]（不定詞の名詞的用法）は使えない！

4 動名詞の意味上の主語

[Ving] も、不定詞の「It is … for him to V原」と同じように、
意味上の主語を付けることができるんだけど、
所有格（my や his など）を使って表すのが基本なんだよね！
例文4を見てみよう！

例文4

Do you mind my opening the door?

▶ドアを開けてもいいですか？（あなたは私がドアを開けることを気にしますか？）

例文では、mind（文の **V**）するのは you（文の **S**）だけど、
[opening the door] をするのは私（**I**）だよね。
このように、**文の主語と動名詞の主語（意味上の主語）が違うとき、**
所有格（I-my-me の2番目）を [Ving] の前に付けて表すんだね。
口語では**目的格**（I-my-me の3番目）も使うので、
例文4は「**Do you mind me opening the door?**」でもOKだよ。

▼ forget [Ving] / [to V原] の例文

I'll never forget visiting Tokyo last week.
（先週東京へ行ったときのことを決して忘れません。）【過去】
I'll never forget to visit Tokyo next week.
（来週東京へ行くことを決して忘れません。）【未来】

5 動名詞の完了形

動名詞の**完了形**は「having V_pp」の形で、
文の V が示す時よりも前（過去）のことを表すときに使うよ！
不定詞の完了形（to have V_pp）と同じだよね。

> **例文5**
> Tomy is proud of having married Ann.
> ▶トミーはアンと（**過去**）結婚したことを（**今**）誇りに思っている。

前置詞 of の後ろに、[having V_pp] の形がきてるよね！
ということは、文の V が is（現在）なので、
having married Ann（アンと結婚したこと）は文の V よりも前、
つまり過去のことだとわかるんだよね。

6 動名詞の否定形

最後に、動名詞の**否定形**をマスターしておこう！

> **例文6**
> Jim insisted on her not going to the shop alone.
> ▶ジムは彼女が1人でその店に行くべきではないと（いうことを）主張した。

動名詞の否定形は [Ving] の直前に **not** を置いて、
[not Ving] にするだけでOKなんだ。簡単でしょ!?

例 Tomy is proud of not having married Jane.
　　▶トミーはジェーンと結婚しなかったことを誇りに思っている。

動名詞の完了形 [having V_pp] の否定形は [not having V_pp]。
もうバッチリ頭に入ったよね！

★〜重要表現：動名詞を使った熟語たち〜★

- □ It is no use [Ving]　　　：Vしても無駄である
- □ look forward to [Ving]　：Vするのを楽しみに待つ
- □ There is no [Ving]　　　：Vすることができない
- □ on [Ving]　　　　　　　：Vするとすぐに

第14講 CHECK問題

第14講のまとめ

★ [Ving] は S・O・C や前置詞の目的語になれる！
★ 「SF DE MEGA MAPP（SFで目がマップップ）」は、O のカタマリとして [to V原] が使えない！
★ [Ving] と [to V原] で意味が変わる動詞に注意！

問題 空所に最も適する語句の番号を選びなさい。

□1 Jim's work is (　　) cars.
　　① sell　　② selling　　③ sold　　④ to selling

□2 Dick and Nancy enjoyed (　　) to each other.
　　① talk　　② to talk　　③ talked　　④ talking

□3 Chris went out without (　　) a word.
　　① say　　② to say　　③ saying　　④ to saying

□4 I am looking forward (　　) you again.
　　① see　　② to see　　③ seeing　　④ to seeing

□5 Don't forget (　　) me tomorrow morning.
　　① to call　　② calling　　③ will call　　④ will calling

解答・解説

ここがポイント！

★ [Ving] の意味上の主語 → **所有格＋ Ving**
★ [Ving] の完了形　　　→ **having V$_{pp}$**
★ [Ving] の否定形　　　→ **not Ving**

□**1**　正解＝② Jim's work is (selling) cars.
（訳：ジムの仕事は車を売ることです。）

★動詞が is なので、「ジムの仕事」＝「Ｖすること」という第２文型にしたい。よって②が正解。③だと、「Ｖされる」という受動態になってしまい、意味も合わないので×。

□**2**　正解＝④ Dick and Nancy enjoyed (talking) to each other.
（訳：ディックとナンシーはお互いに話をして楽しんだ。）

★ enjoy の後ろに動詞を変化させた名詞のカタマリをもってくるときは動名詞 [Ving] を使うので④が正解。[to V$_原$] はダメ。

□**3**　正解＝③ Chris went out without (saying) a word.
（訳：クリスは何も言わずに出て行った。）

★「without ～（～なしに）」は前置詞なので、③が正解。前置詞の後ろに [to V$_原$] はもってこれないので②は×。

□**4**　正解＝④ I am looking forward (to seeing) you again.
（訳：私はまたあなたに会えるのを楽しみにしています。）

★「look forward to [Ving]（Ｖするのを楽しみに待つ）」の to は前置詞で、後ろには動名詞が入る。よって④が正解。動名詞を使った熟語（☞P.127 脚注）は超頻出なので正確に覚えてね。

□**5**　正解＝① Don't forget (to call) me tomorrow morning.
（訳：明日の朝、私に電話するのを忘れないでね。）

★ forget は後ろが [Ving] か [to V$_原$] かで意味が変わる。今回は「明日の朝」のことなので、これから（未来に）することというニュアンスをもった①が正解。助動詞の後ろの Ｖ は必ず V$_原$ なのに、Ving がきている④は×。

第15講 分詞①
～形容詞のカタマリを作る Ving と V_pp～

この講では "Ving" "Vpp" 形で、元々は動詞なのに、形容詞の働きをする「分詞」をやっていこう！

今回の主役
形容詞のカタマリを作る
Ving と V_pp

はいは～い、注目～。今回は**分詞**をやりますよ～！
え、なになに？
「**Ving** が分詞だって聞いたことはあるけど、動名詞と形が同じじゃん」
ですって!? そんなことを思った人は一歩前へ出なさい！
・・・エライ！スゴイ！クール！スルドイ！エクセレント！
確かに形が似ているので動名詞と分詞はよく勘違いされるけど、
実は作っているカタマリの種類が違うんだよね。
動名詞は名詞のカタマリを作るよね。
分詞は、動詞（**V**）を **Ving**（**現在分詞**）や **V_pp**（**過去分詞**）に変化させたもので、**形容詞**の**カタマリ**を作るというのがポイントだよ。

1 分詞は「動作っぽい」形容詞のカタマリ！

分詞は形容詞（のカタマリ）っていうのはわかったけど、
じゃあ、どんな形容詞（のカタマリ）なんだろう？
ふつうの形容詞は、「大きな（形）→ブタ（名）」のように、
名詞を修飾（説明）するよね。

a big pig (大きなブタ)
　　説明

でも、「走っている(形)→犬(名)」「眠っている(形)→キツネ(名)」のように、**動作っぽい形容詞**もあるでしょ!?
分詞は、この「走っている」や「眠っている」のような、
動作っぽい形容詞を名詞に付けることができるんだよ。

　　a **running** dog （走っている犬）

　　a **sleeping** fox （眠っているキツネ）

**形容詞は、１語のときは名詞の前に付き、
２語以上のカタマリのときは名詞の後ろに付くのが基本。**▼
分詞も形容詞の働きをするので、そこは同じだからね。

１語　分詞 Ving / Vpp　→前から修飾→　名詞　←後ろから修飾←　分詞 Ving…… / Vpp……　２語以上

じゃあ、まずは**分詞１語**の場合からマスターしていこう！

2　名詞を前から修飾する分詞

動名詞との違いに注意しながら、例文１を見てみよう！

例文１

The **running** dogs are my friend's.
▶走っている犬たちは私の友人の犬です。

英文を見るときは、まず動詞を探すんだよね。
この文の動詞は？

▼ **２語以上のカタマリは名詞の後ろ！**
「to V原」は最低でも２語になるでしょ。２語以上は後ろから修飾。
だから、「to V原」が形容詞のカタマリを作るときは「名詞〈to V原〉」
のように名詞の後ろに付いているのでしゅよ！
例　I had many things 〈to do last night〉.

131

… are だよね！　running は ing が付いてるから動詞じゃないよ！
じゃあ、この running は、Ving という形だから、動名詞かな？
いやいや、動名詞なら「S・O・C・前置詞の後ろ」で名詞のカタマリを作ってるはずだけど、今回は違うね。
もちろん「be ＋ Ving」の進行形でもない。
ここでいきなり復習だけど、
「a[an]、the は後ろに名詞が出てくるぞ！」っていう合図で、
名詞のカタマリを作るって覚えてる？（☞P.42）
実は、a[an]、the の後ろには必ず名詞が出てくるんだけど、
すぐ後ろに出てくるとは限らないんだよね。
「a big pig」のように、名詞の前に**形容詞**が入ることもあるし、
「a very big pig」と、形容詞の前に**副詞**が入ることもあるしね。

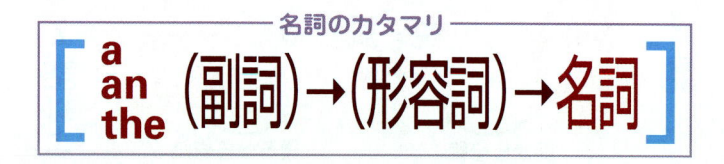

―――――名詞のカタマリ―――――
[a / an / the　（副詞）→（形容詞）→名詞]

じゃあ、前ページの例文1に戻ってみよう！
the の働きがわかると、[The running dogs] の running は、
冠詞 The の後ろ、名詞 dogs の前にあるので、
「running（走っている）→ dogs（犬たち）」
という**形容詞の働き**をしている、つまり**分詞**だとわかるよね。
では、続いて例文2を見てみよう！

例文2
Look at the broken chair.
▶壊れたイスを見なさい。

これも例文1と同じように考えてみると、

補講

「the ＋名詞」の後ろに注意！
the は「以前に出た名詞」に付くんだけど、「**修飾語が後ろに付いた特定の名詞**」にも付くの。つまり「I know the man …..」ときたら、the man の後ろには、修飾語（形容詞のカタマリ）が付くってことよね。これ覚えておくといいわよ！

the broken chair の部分が、
[the ＋形容詞＋名詞] の形になっているのがわかるよね！
そうすると、broken は「broken（壊された）→ chair（イス）」
のように、形容詞の働きをしている分詞ってことだよね。
このように、V_{pp} という形の分詞（過去分詞という）もあるんだよね。
いいかな？　じゃあ、次の段階にステップアップしていこう！

例文１の running も例文２の broken も、
両方とも形容詞の働きをしているのはわかったよね。
でも、例文１が Ving で、例文２が V_{pp} なのはなぜだろう？

…それはね、名詞と分詞の関係で決まるんだ。
分詞ももともとは動詞なので、主語が欲しいよね。
じゃあ、分詞の主語ってどこにあるかわかる？
…実は、**分詞の主語は、その分詞が修飾する名詞なんだ！**
なにこの「灯台下暗し」的な感じ!!!
「The running dogs」では、「dogs が走る」んでしょ!?
「a broken chair」は、「chair が壊される」んだよね!?
つまり、Ving と V_{pp} の使い分けは、修飾される名詞になりきって、
　　名詞がＶする [している] 方なら→ Ving
　　名詞がＶされる [された] 方なら→ V_{pp}
にすればいいんだ！
例文１は犬になりきって、
「犬は走る方だから、running（Ving）！」とわかるし、
例文２はイスになりきって、
「イスは壊される方だから broken（V_{pp}）！」ってなるよね！
これが Ving と V_{pp} の使い分けのコツなんだ。簡単でしょ？

POINT
分詞の Ving と V_{pp} の使い分け

名詞がＶする [している] 方なら→ Ving
名詞がＶされる [された] 方なら→ V_{pp}

第15講　分詞①

3 名詞を後ろから修飾する分詞

さっきは、分詞が１語で前から名詞を修飾する場合をやったけど、
今度は、**分詞が２語以上**のカタマリを作って、
後ろから名詞を修飾する場合をやっていこう！

> 例文３
>
> The dogs running in the park are my friend's.
>
> ▶公園を走っている犬たちは私の友人の犬です。

この文の動詞は are だよね。
running は「S・O・C・前置詞の後ろ」の位置にないので
動名詞じゃない。それはＯＫ？
もし running を動名詞だとしてしまうと、

× The dogs [running in the park] are my friend's.

となって、**SSVC** って…何文型だよっ!!!
ってツッコミ入れたくなっちゃいますから！
主語（**S**）の後ろには「**形容詞のカタマリ**」か**動詞**がくる！▼
というわけで、この running は「名詞〈Ving …..〉」という形をとって、
前の名詞「**The dogs**」を修飾（説明）する分詞だとわかるんだ！

The dogs 〈running in the park〉 are my friend's.
　　　　　　　　説明

例文１は形容詞が running の１語しかないけど、
この例文３は **running in the park** のように、
説明が詳しくなって４語になっているところに注目！
この文のように、形容詞が２語以上のカタマリになったときは、
名詞の後ろにくっつくんだ。これ忘れないようにね！
では最後に、例文４を見てみよう！

図説 ▼ＳとＶの間に〈形容詞のカタマリ〉が入る！

S〈+形容詞のカタマリ〉動詞

主語（**S**）の後ろには必ず動詞（**V**）がくるんだけど、主語は名詞だから、その名詞を修飾する形容詞のカタマリが後ろに付いて、「**S〈+形容詞のカタマリ〉V …..**」という語順になることも多いの。これ気をつけてね。

> 例文4
>
> ## Look at the chair broken by Rabi.
>
> ▶ラビに壊されたイスを見なさい。

このbrokenという過去分詞（V_{pp}）は、
「名詞〈V_{pp} .....〉」という形で前の名詞the chairを説明していて、

Look at the chair 〈broken by Rabi〉.
説明

となっているんだ。
「イスが壊**された**（**V**された）」という関係だから、
分詞は**Ving**じゃなくてV_{pp}の形になっているんだよね。
これも、名詞を説明する語が2語以上のカタマリになっているので、
名詞の後ろにくっついているんだね。

さあ、ここまではバッチリ頭に入った？
じゃあ、ちょっと一休みということで、よくある質問に答えてみよう。

　　名詞〈Ving .....〉
　　名詞〈to $V_原$ .....〉

この2つの違いは何なのですか？
…ということだけど、
基本的には「伝わる意味の違い」だと考えておくといいよ。

　　名詞〈Ving .....〉：〈Vしている〉名詞
　　名詞〈to $V_原$ .....〉：〈Vする〉名詞

「名詞〈**Ving**〉」だと、目の前で「している」感じになるわけだね。
まさに動いているような感じね。
この違いをシッカリおさえて、CHECK問題にいってみよう！

第15講 CHECK問題

第15講のまとめ

★分詞の **Ving**・**V_pp** は形容詞のカタマリを作る！
★分詞1語なら名詞の前、2語以上のカタマリなら名詞の後ろに付く！

問題 空所に最も適する語句の番号を選びなさい。

☐ **1** There is a (　　) window in my room.
① break　　② to break　　③ breaking　　④ broken

☐ **2** A (　　) man will catch at a straw.
① drowning　　② drown　　③ drowned　　④ to drown

☐ **3** That woman (　　) French is my aunt.
① spoken　　② speaking　　③ speak　　④ spoke

☐ **4** This is a temple (　　) about two hundred years ago.
① building　　② built　　③ build　　④ to build

☐ **5** He is a scientist (　　) to people in the world.
① to know　　② knowing　　③ knew　　④ known

解答・解説

ここがポイント！

★修飾される名詞になりきって、
　Vする［している］方 → **Ving**（現在分詞）
　Vされる［された］方 → **V**pp（過去分詞）

---

1 正解＝④　There is a (broken) window in my room.
　　　　　（訳：私の部屋に割れた窓がある。）

★ a があるので、［a ＋形容詞＋名詞］になり、空所には形容詞の働きをする分詞が入るとわかる。窓は割**られる**方なので、**V**pp の④が正解。②の不定詞は名詞の後ろに付くべきなので×。

2 正解＝①　A (drowning) man will catch at a straw.
　　　　　（訳：溺れる者はわらをもつかむ。【ことわざ】）

★ A drowning man なら「溺れている人」、A drowned man なら「溺死させられた人」になる。溺死させられた人は（亡くなってるので）わらをつかもうとすることはできません。①が正解。

3 正解＝②　That woman (speaking) French is my aunt.
　　　　　（訳：フランス語を話しているあの女性は私のおばです。）

★この文の **V** は is。**V**（is）の前には **S**〈＋形容詞〉がくる。だから空所には**形容詞**のカタマリを作るものが入る。女性はフランス語を話す方なので、**Ving** の②が正解。

4 正解＝②　This is a temple (built) about two hundred years ago.
　　　　　（訳：これは約200年前に建てられたお寺です。）

★①②④が形容詞のカタマリを作れる（分詞と不定詞）けど、お寺は建て**られる**方なので、**V**pp の②が正解。build（建てる）-built-**built**。

5 正解＝④　He is a scientist (known) to people in the world.
　　　　　（訳：彼は世界中の人たちに知られている科学者です。）

★ポイントは空所の後ろの to。know は通常「know 〜（〜を知っている）」「be known to 〜（〜に知られている）」という形で使うから、科学者が知**られている**方と考えて **V**pp の④が正解。

第16講 分詞②
～補語（C）になる Ving と V_pp ～

今回も、前回に引き続き「分詞」！！
分詞は形容詞の働きなので、
実は補語（C）にもなれるんだ！！

今回の主役
補語（C）になる Ving・V_pp

補語（C = Complement）というのは、主語や目的語の性質を説明して、その意味を補う語（句・節）のことだよね。
第3講でやったけど、補語 C になれる品詞は何だっけ？
そのとおり！　**名詞**と**形容詞**だったよね。

例
　My sister became a painter.　→名　詞が C
　My grandmother looks young.　→形容詞が C

分詞は形容詞の働きなので、**補語にもなることができる**んだよ。
つまり、**SVC** や **SVOC** の **C** にもなれちゃうんだね！

1　SVC の C に分詞を使う場合

では、さっそく例文1を見てみよう！

例文1

Helen sat laughing merrily.
▶ヘレンは陽気に笑いながら座っていた。

ちょっと不気味な例文が出てきたけど（笑）、シッカリ見ていこう！
ふつう、**sit-sat-sat**（座る）は自動詞だけど、この例文1は、
その自動詞 sat の後ろに「S の様子・状態」を表す補語 C がきて、

第2文型 SVC になっているんだよ。▼

このように、**分詞は補語 C としても使われるからね**。

第2文型は S＝C という関係が成り立つのは覚えてる？
（そのへんがあやふやな人は、第3講へ戻ろう！）

SVC の C に分詞を使う場合は、S になりきって、

　「**S が C する[している]方なら→ Ving**」

　「**S が C される[された]方なら→ V$_{pp}$**」

とすればOK。

「ヘレンは笑う方」だから、laugh を laughing として、

「Helen ＝ laughing（笑っている）」ってな関係になってるわけだね。

逆に、S と C の関係が、「S が C される[された]」の場合、

分詞には V$_{pp}$ を使うから注意してね。

例　**Helen looks surprised.**
　　▶ヘレンは驚いている（＝驚か**されている**）ように見える。

2 SVOC の C に分詞を使う場合

分詞が SVC の C になれるのはわかったね？
では次に、分詞が SVOC の C になる場合を見てみよう！

例文2
I saw Bean running.
▶私はビーンが走っているのを見た。

第5文型 SVOC は、「S は、O が C するのを V する」といった意味になるんだったよね。

だから、C に分詞を使うときは、O の立場に立って、

　「**O が C する[している]方なら→ Ving**」

　「**O が C される[された]方なら→ V$_{pp}$**」

▼be動詞の代わりになる自動詞がある！

第2文型 SVC をとる動詞はふつう be動詞なんだけど、be動詞の代わりの自動詞が入る場合もあるナリ（☞P.39脚注）。この sit も、SVC の文では「(S ＝ C) の状態で座っている」という意味になるナリ。

にすればいいんだ。
例文2は、「ビーンは走っている方→ running」となり、
「Bean ＝ running（走っている）」という関係になってるんだね。

ちなみに、「O が C される[された]」という関係なら、
当然、分詞は V_{pp} になるからね！

例　**Paul heard his name called.**
　　　▶ポールは自分の名前が呼ば**れる**のを聞いた。

この例文では、「**彼の名前**は呼ば**れる**方 → **called**」となり、
「**his name ＝ called**（呼ばれる）」の関係ができているよね。

さて、分詞はこのように、**SVC** や **SVOC** の **C** になれるし、
S[**O**] と **C** の関係で分詞が **Ving** か V_{pp} かが決まるからね。
SVOC の **V** には、**see**・**hear**・**feel** などの**知覚動詞**がくることが多い
から、これらの動詞を見たら、
「**SVOC** の文かも！ **C** には分詞（または $V_{原}$）がくるかも！」
と考えるようにしよう！▼

3 分詞を使った重要表現 ～付帯状況の with O C～

分詞を使った重要表現がいくつかあるので、ここでおさえておこう！
まずは「**with O C**」からだけど、
with は後ろに **O ＋ C**（前置詞の目的語＋その補語）をもってきて、
　　　with O C：O を C の状態にして
という意味を出すことができるんだ。
これを「**付帯状況の with**」というんだよね。
C の位置には**形容詞**の働きをするもの（「形容詞」「前置詞＋名詞」など）
を置くので、形容詞の働きをする**分詞**を置くこともできるよ。

▼「**S＋知覚動詞＋O＋C**」の **C** には分詞もＯＫ
補足　知覚動詞は、第5文型 **SVOC** をとれる動詞なの。この **C** の位置に「**to** $V_{原}$」がきたときは、**to** を省略して「$V_{原}$」にするというルールは前にやったよね（☞P.118）。この $V_{原}$ の代わりに分詞が入ることもあるわけよね。

例文3

Eiko spoke with her eyes closed.

▶英子は目を閉じて話した。

「with O C」の形で、「her eyes を closed の状態にして」
という意味になっているよね。
この C に分詞が置かれるとき、
Ving と V_pp のどちらが置かれるのかという区別は、
with の後ろの名詞（O）になりきって、

　　「O が C する［している］方なら→ Ving」
　　「O が C される［された］方なら→ V_pp」

にすればいいんだ。
目は人間の意思によって閉じ**られる**方なので、V_pp を使うんだね。
一方、O が C する［している］方のときは Ving を使うから要注意！

例 **Charles left his car with the engine running.** ▼
　　▶チャールズはエンジンをかけっぱなしで車を離れた（エンジン＝動いている）。

最後に、分詞を使ったその他の慣用表現をおさえて終わりにしよう。

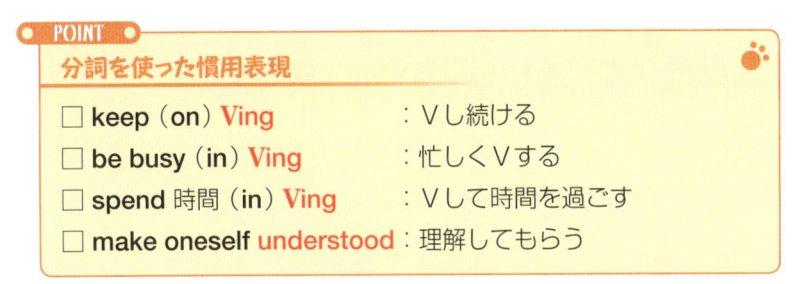

POINT
分詞を使った慣用表現

□ keep (on) Ving	：V し続ける
□ be busy (in) Ving	：忙しく V する
□ spend 時間 (in) Ving	：V して時間を過ごす
□ make oneself understood	：理解してもらう

これらも試験でねらわれるので、覚えておいてね！
ここまでちゃんと頭に入ったかどうか CHECK問題で確認しよう！

▼ **進行の意味を出したいときは Ving を使う**

この「**with the engine running**」は、「エンジンはかけ**られる**方だから V_pp になるんじゃないの？」と思う人が多いんでしゅけど、「エンジンが動い**ている**状態にして」という**進行**の意味を出したいから、ここでは Ving を使っているんでしゅよ。

第16講 CHECK問題

第16講 分詞②

第16講のまとめ

★ C は S や O の様子・状態を表す！（S [O] = C）
★ 分詞（Ving・V_pp）は C になれる！
★ 分詞は「with O C」の C になれる！

問題 空所に最も適する語句の番号を選びなさい。

☐ 1　The girl came (　　) to me.
　　① run　　② ran　　③ running　　④ to run

☐ 2　I kept John (　　).
　　① waiting　　② waited　　③ wait　　④ was waiting

☐ 3　Jim spent the night (　　) to music.
　　① listen　　② listening　　③ listened　　④ to listen

☐ 4　I had my wallet (　　) in the museum.
　　① steal　　② stole　　③ stolen　　④ stealing

☐ 5　Her words made me (　　).
　　① to disappoint　　② disappoint
　　③ disappointing　　④ disappointed

解答・解説

ここがポイント!

★ **SVC** なら **S** になりきって、**SVOC** なら **O** になりきって、**with O C** なら **O** になりきって、**C** が **Ving** か V_{pp} かを決定する！

☐ **1** 正解＝③　The girl came (running) to me.
（訳：その女の子は私のところへ走って来た。）

★ came という自動詞の後ろに、**S** の様子・状態として **C** をもってきた文。The girl は run する方なので、**Ving** の形の③が正解。④の「come to $V_{原}$（Vするようになる）」は意味的に合わない。

☐ **2** 正解＝①　I kept John (waiting).
（訳：私はジョンを待たせておいた。）

★「keep O C（OをCにしておく）」という第5文型。"ジョンが待つ" という状態にしておいた」という意味だから、ジョンは自分の意思で待つ方と考えて①が正解。

☐ **3** 正解＝②　Jim spent the night (listening) to music.
（訳：ジムは音楽を聞いてその夜を過ごした。）

★「spend 時間 (in) Ving（Vして時間を過ごす）」という分詞を使った慣用表現。P.141 にまとめた慣用表現は頻出！

☐ **4** 正解＝③　I had my wallet (stolen) in the museum.
（訳：私は美術館で財布を盗まれた。）

★使役動詞 have を使った文。使役動詞は **SVOC** の第5文型をとるので、**C** の位置に分詞を使うことができる。財布は盗ま**れる**方なので、V_{pp} の③が正解。応用問題だけど、できた？

☐ **5** 正解＝④　Her words made me (disappointed).
（訳：彼女の言葉は私を失望させた。）

★ make O C（OをCにする）を使った文。「disappoint ～」は「～を失望させる」という他動詞なので、「私＝失望させ**られ**ている」という意味になる④が正解。③にすると、「私＝（誰かを）失望させている」となってしまうので×。

第16講　分詞②

143

第17講 分詞構文 ①
〜副詞のカタマリを作る Ving と V_pp 〜

今回は、"Ving""V_pp"形で、副詞のカタマリを作る「分詞構文」!! こいつはスゴイヤツなんだよね。

今回の主役
① 副詞のカタマリを作る接続詞
② 副詞のカタマリを作る Ving

分詞構文とは何か？
そう聞かれたら「**副詞のカタマリとして使う分詞**」と答えるかな。
分詞は、形容詞や補語 C だけじゃなく、
副詞のカタマリとしても使えるんだよね。
この分詞構文は**接続詞**をマスターしたあとでやるとわかりやすいので、
まずは接続詞からやっちゃおう！

I 接続詞は副詞のカタマリを作る

接続詞とは、「**when S V**（SがVするとき）」「**because S V**（SがVするので）」「**if S V**（もしもSがVするならば）」などのことで、
文と文を接続するために使うんだよね。
そして、**接続詞は副詞のカタマリを作る**のが基本なんだよ。
接続詞には他に、**that** のように名詞のカタマリを作るものや、
and のような並べる接続詞（等位接続詞）もいるけど、
それは第18講でやるからね！
では、例文1を見てみよう！

例文1

As I was tired, I wanted to sleep.

▶疲れていたので、私は眠りたかった。

この文には２つも動詞（**was** と **wanted**）があるね！
１つの英文には動詞は１回しか使えないので、
この文は２つの英文がくっついて１つになっているってことだよね。
こういうときは、文と文を接続する接続詞が必ず必要になるからね。
例文１では「**As** S V（SがVするので）」の **As** が接続詞。
接続詞は副詞のカタマリを作るので、カタマリは、カンマ（,）・ピリオド（.）・文の動詞の前で終了するというルールに従うと、

　　　（As I was tired）, I wanted to sleep.

となるよね！
（副詞のカタマリ）は文の主要素にはなれないという点に注意だよ。
では、いよいよ分詞構文、いってみようか！

2 分詞構文① ～基本的なパターン～

分詞構文を使うと、**接続詞を使わないで文と文をつなぐことができる**んだ。さっそく例文２を見てみよう！

例文2

　　As he was ill, he couldn't go with us.
= Being ill, he couldn't go with us.

▶病気だったので、彼は私たちと一緒に行けなかった。

まず、上の文から見ると、**As** が接続詞なので、

　　（As he was ill）, he couldn't go with us.

という感じで副詞のカタマリができあがっているよね。
その下の文は、上の文と同じ意味なんだ。

　　（As he was ill）, he couldn't go with us.
=　（　　Being ill）, he couldn't go with us.　　※（　）＝副詞のカタマリ

副詞のカタマリを先に訳しまヒョ

日本語はふつう「...... なので、～だ。...... のとき、～だ」のように、副詞の部分を先に訳す語順なので、接続詞の文や分詞講文も、**副詞のカタマリを先に訳し、残りのをあとで訳す**ときれいに和訳できるんだヒョ。

第17講 分詞構文①

下の文の **Being** が分詞なんだけど、
分詞が副詞のカタマリを作って、
接続詞がある文と同じような意味を出しているよね。
分詞構文は、「**As S V .....**」「**If S V ....**」などの接続詞を消して、
カタマリの中の **V** を分詞（**Ving** や **V**ₚₚ）に変えたもの、
と考えることもできるね。

分詞構文を作るときのポイントは２つ！
下の図をシッカリチェックして覚えてね。

● POINT
分詞構文の作り方

- ① （カタマリ）の中の **S** と外の **S** をチェック！
  - 同じ → 中の **S** を消す
  - 違う → そのまま残す

- ② （カタマリ）の中の **V** と外の **V** の「時制」をチェック！
  - 同じ → 中の **V** を **Ving** にする
  - 違う → 中の **V** を **having V**ₚₚ にする

```
         ①同じ        ②時制同じ
( As he was ill ), he couldn't go with us.
   ↓  ↓    ↓
(省略 Being ill ), he couldn't go with us.
```

※接続詞は必ず省略する

分詞構文は接続詞を省略した形なので、**Ving** が接続詞を兼ねたような
働きをして副詞のカタマリを作っていると考えてね。

(**Being** ill), he couldn't go with us.
　　↑ 接続詞も兼ねている！

▼ 分詞構文（副詞のカタマリ）はどんな働き？

補講　副詞のカタマリは「文」に意味を添える働きをするの。例えば「暑いので、私は眠れない。」の「暑いので、」は副詞のカタマリで、「私は眠れない。」という文に意味を添えているよね。このように、分詞構文は「文」に意味を付け加えるのよ。

ところで、分詞構文の「意味」だけど、
「接続詞が省略されちゃったら、意味がわかんないじゃん!」
と思っちゃうよね。
でも、分詞構文は「**あいまいな表現**」だから仕方ないんだ。
だから、**訳すときは文脈から意味をとらえなくてはいけない**からね。
ただ、下の6つのどれかで訳してあげるとうまく訳せるから、
柔軟な気持ちで、文脈に応じて適当な意味をあてはめてね!

● POINT ●
分詞構文の意味

① 「Vするので(理由)」　　　= as[because] S V
② 「Vするとき(時)」　　　　= when S V
③ 「Vするならば(条件)」　　= if S V
④ 「Vするけれども(譲歩)」　= though S V
⑤ 「そしてVする(結果)」　　= and S V
⑥ 「Vしながら(付帯状況)」　= as S V

3 分詞構文② ～色々なパターン～

さっきは「主語が同じで時制も同じ」というパターンをやったね。
それが分詞構文の一番基本的な形なんだ。
でも、主語や時制が違ったりする場合も当然あるよね。
そういった場合、分詞構文の作り方も少し違ってくるんだ。
前ページの「分詞構文の作り方」を見ればわかるよね。
では、「**主語が違う**(時制は同じ)」パターンを見てみよう!
例文3を見て。

例文3

As it was very hot, I couldn't sleep.
= It being very hot, I couldn't sleep.

▶とても暑かったので、私は眠れなかった。

147

いいかしら？
じゃあ、分詞構文の言いかえ方をチェックしていこう。

- ① (カタマリ) の**中**の S と、**外**の S をチェック！
    → it と I で**違う** → そのまま残す。(主語は省略しない！)

- ② (カタマリ) の**中**の V と、**外**の V をチェック！
    → was (過去) と couldn't sleep (過去)。
    → 時制が**同じ** → (カタマリ) の中の V を being にする。

そして最後に接続詞を消すと分詞構文が完成！
主語が違う場合、主語はそのまま残すのがポイントだね！

では、次の例文を見てみよう。
「主語は同じで**時制が違う**」パターンだよ。

> 例文4
> As Ann finished her homework, she has nothing to do.
> = Having finished her homework, Ann has nothing to do.
> ▶宿題が終わった (過去) ので、アンは (今) 何もすることがない。

じゃあ、上の文の分詞構文への書きかえ方をチェックしていこうか。

- ① (カタマリ) の**中**の S と、**外**の S をチェック！
    → **Ann** と **she** で**同じ人物** → カタマリの中の **Ann** を消す。
    ※ただし、カタマリの外の she をそのままにすると誰なのかわからなくなるので、she は Ann に直す。

- ② (カタマリ) の**中**の V と、**外**の V をチェック！
    → **finished** (過去) と **has** (現在) で時制が**違う**。
    → カタマリの中の V を **having finished** にする。

そして最後に接続詞を消すと分詞構文の完成！

---

it の特別用法 (= it を「それ」と訳さない場合)

「天気・時間・距離・明暗・寒暖」など漠然としたものの話をするとき、主語 (**S**) は **it** を使うのサ。例文3も「hot (暑い)」という寒暖の話をしているから S が it なのサ。ちなみに**この it は訳さなくていい**のサ。「それ」と訳しちゃダメなのサ。

時制が違うときは、(カタマリ)の中の V を
having V_pp という形の分詞にするのがポイントだね。
慣れてくると結構簡単でしょ？

じゃあ、あと1つやって、今回の授業は終わりにしよう！
最後の例文は、「**主語も時制も違う**」パターンね。
説明を読む前に自分で分詞構文に書きかえてみてほしいな。
それから例文5を見てみよう！

> 例文5
>
> As the last train had gone, I had to walk home.
> = The last train having gone, I had to walk home.
>
> ▶終電が行ってしまったので、私は家まで歩かなければならなかった。

じゃあ、この上の文を分詞構文に書きかえてみよう！

- ① (カタマリ)の**中**の S と、**外**の S をチェック！
    → the last train と I で**違う**ので、そのまま残す。

- ② (カタマリ)の**中**の V と、**外**の V をチェック！
    → had gone（大過去）と had to walk（過去）で時制が**違う**。
    → カタマリの中の V を having gone にする。

そして、接続詞を省略すると分詞構文の完成なんだね！

どう？　さすがに慣れてきたんじゃない？
でも、慣れてきた頃が一番大切！
もう一度確認だけど、
分詞構文を作るときは「主語と時制の違いに注意」だからね！
では、最後の確認ということで、
CHECK問題をやってみよう！

第17講　分詞構文①

第17講 CHECK問題

第17講 分詞構文①

第17講のまとめ

★分詞構文は、分詞の副詞的用法（副詞のカタマリとして使う）！
★分詞構文の作り方〜2つのチェックポイント〜
- ① (カタマリ) の中の S と、外の S をチェック！
- ② (カタマリ) の中の V と、外の V をチェック！

問題 次の文を分詞構文に書きかえたとき、空所に最も適する語句の番号を選びなさい。

1 When he walked along the street, he met his friends.
= ( ) along the street, he met his friends.
① He walked　② Walked　③ Walking　④ To walk

2 As she is a kind woman, everybody loves her.
= ( ) a kind woman, everybody loves her.
① She being　② Be　③ Being　④ She is

3 As the bus had gone, Ken waited for the next one.
= ( ), Ken waited for the next one.
① Going
② Having gone
③ The bus having gone
④ Gone

4 Because Jim had lost all his money, he gave up his plan.
= ( ) all his money, Jim gave up his plan.
① Jim losing　② Losing　③ Jim lost　④ Having lost

5 If it is fine, we will go on a picnic.
= ( ) fine, we will go on a picnic.
① It being
② Being
③ It having been
④ Having been

150

解答・解説

ここがポイント！

★Sの**前**にもってこれるのは**副詞**のみ！
　（副詞のカタマリ），S V …… ．
★**時・条件**を表す副詞のカタマリの中は、**未来**の文でもVは**現在形**！

☐ **1** 正解＝③　（訳：通りに沿って歩いているとき、彼は友達に会った。）
★カタマリの中の S（he）と、外の S（he）が**同じ**なので消す。カタマリの中の V（walked）は過去、外の V（met）も過去、と時制が**同じ**なので③が正解。④の「to V原」（不定詞の副詞的用法）は**目的**などの７つの副詞のカタマリしか作れないので×。

☐ **2** 正解＝①　（訳：彼女は優しい女性なので、みんなが彼女を愛している。）
★カタマリの中の S（she）と、外の S（everybody）が**違う**ので残す。カタマリの中の V（is）は現在、外の V（loves）も現在、と時制が**同じ**なので①が正解。

☐ **3** 正解＝③　（訳：バスが行ってしまったので、ケンは次のバスを待った。）
★カタマリの中の S（the bus）と、外の S（Ken）が**違う**ので残す。カタマリの中の V（had gone）は大過去、外の V（waited）は過去、と時制が**違う**ので③が正解。

☐ **4** 正解＝④　（訳：すべてのお金をなくしたので、ジムは計画をあきらめた。）
★カタマリの中の S（Jim）と、外の S（he）は**同じ**なので、Jim を消し、he を Jim にする。カタマリの中の V（had lost）は大過去、外の V（gave up）は過去、と時制が**違う**ので④が正解。

☐ **5** 正解＝①　（訳：晴れたら、私たちはピクニックへ行くつもりです。）
★カタマリの中の S（it）と、外の S（we）は**違う**ので残す。カタマリの中の V（is）は現在、外の V（will go）は**未来**、としたくなるが、is の方は「**時・条件を表す副詞のカタマリの中→未来の文でも現在形**」というルールによって現在形で書いてあるだけ。よって、is は**未来のことを表している**ので時制は**同じ**と考えて、①が正解。

第17講　分詞構文①

第18講 分詞構文 ②
〜副詞のカタマリを作る Ving と V_pp ②〜

この講は前回の続きなので、第17講があやふやな人は、復習してからこの講に入ってね！

今回の主役
① 副詞のカタマリを作る V_pp
② 分詞構文の否定形と慣用表現
③ 接続詞

前回は **Ving** が副詞のカタマリを作るタイプしかやらなかったけど、**V_pp**（過去分詞）も副詞のカタマリを作ることがあるんだよね。

I 副詞のカタマリを作る V_pp

例文1

As the book is written in easy English, it is read by the students.
= Written in easy English, the book is read by the students.

▶やさしい英語で書かれているので、その本は学生たちに読まれる。

それでは、さっそく分詞構文に言いかえてみよう！
- ①（カタマリ）の**中**の **S** と、**外**の **S** をチェック！
   → the book は it と同じものなので消す（代わりに it を the book に）。
- ②（カタマリ）の**中**の **V** と、**外**の **V** をチェック！
   → is written（現在）と is read（現在）で時制が同じ。
   → カタマリの中の V（be V_pp）を Ving の形（being V_pp）にする。

基本形での Ving と V_pp の使い分け

分詞構文では、**文の主語**が「Vしている」なら **Ving**、「Vされる」なら **V_pp** を使うナリ。
☐ Walking along the street, he met his friends.（he＝歩いている）
☐ Written in easy English, the book is read by the students.
（the book ＝書かれる）

そして最後に接続詞を消すと、分詞構文の完成だね！
　　Being written in easy English, the book is read by the students.
もとの文の動詞が**受動態**（**be V**~pp~）になっているから、
その動詞を分詞（**Ving**）に変えると「**being V**~pp~」になるわけですな。

さ、ここで重要なポイントがあります !!!
分詞構文で、分詞が「**being V**~pp~」や「**having been V**~pp~」になったとき、
この「being」「having been」はふつう省略するのであります！
だから、**Being written** の **Being** を省略して、
　　（**Written** in easy English）, the book is read by the students.
としてから分詞構文の完成！となるわけだね。
このように、**V**~pp~ **が分詞構文を作るのは、**
もとの文が受動態の文のときなんだね。

2 分詞構文の否定形

では、次に分詞構文の**否定形**をやってみよう。
分詞構文の否定形は、分詞の前に not を付け、
「Not Ving .....」という形にすればいいんだ。
例文2を見てみよう！

例文2

Because I didn't know her address, I couldn't write to her.
= Not knowing her address, I couldn't write to her.

▶彼女の住所がわからなかったので、私は彼女に手紙が書けなかった。

didn't が **not** に変わって、分詞 **knowing** の前に付いた感じだよね。
簡単でしょ？▼

▶なぜ「Did not Ving .....」じゃないのか？
did などの助動詞は「動詞（原形）の前」で使うもの。**knowing**（＝動詞じゃない）の前で **did** は使えないから、「**did not**」の **did** は消えちゃうのサ。そして「**Not Ving .....**」になるのサ。

3 分詞構文の慣用表現

習慣的によく使われる定番フレーズを慣用表現というんだけど、分詞構文を使った慣用表現は入試問題にもよく出るんだよね。

例　**Generally speaking, dogs are stronger than cats.**
　　　▶一般的に言うと、犬は猫よりも（力が）強い。

このような分詞構文の慣用表現は、まとめて覚えちゃおうね！

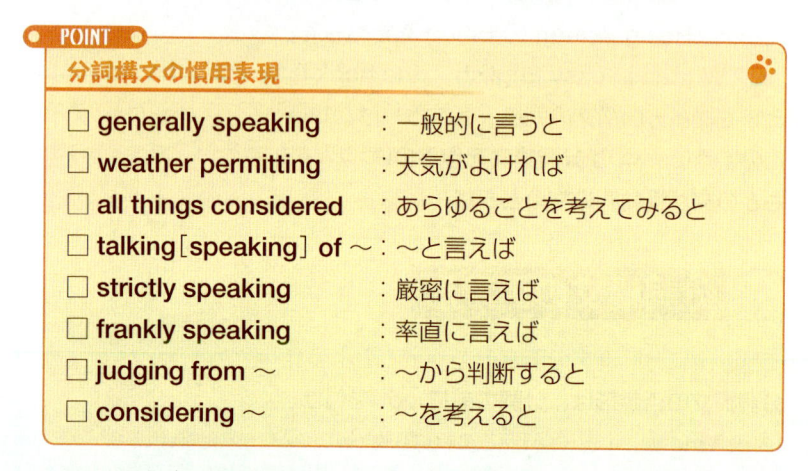

POINT
分詞構文の慣用表現

- □ generally speaking　　：一般的に言うと
- □ weather permitting　　：天気がよければ
- □ all things considered　：あらゆることを考えてみると
- □ talking［speaking］of 〜　：〜と言えば
- □ strictly speaking　　　：厳密に言えば
- □ frankly speaking　　　：率直に言えば
- □ judging from 〜　　　：〜から判断すると
- □ considering 〜　　　　：〜を考えると

これで分詞構文はおしまい！　最後に「接続詞」をやって終わろう！

4 接続詞

前の講でやった **As** や **When** などの接続詞は覚えてる？
文と文をつなぐ働きをして、副詞のカタマリを作るんだったよね！
実は、接続詞には、あと2タイプあるんだ。

例　**I think that he is a liar.**
　　　▶彼は嘘つきだと私は思う。

この文には **think** と **is** という2つの動詞があるよね。
ということは、2つの文がくっついているので、
文と文をつなぐ接続詞がいるはずだ。

実はこれ、that S V（SがVするということ）が接続詞なんだよね。
接続詞はふつう、副詞のカタマリを作るけど、
that は、think などの他動詞の後ろにきて、
名詞（O）のカタマリを作ることができるんだ！

例　I think [that he is a liar].
　　▶私は [彼が嘘つきだということ] を思う。（直訳）

この that のように、**名詞のカタマリも作れる接続詞は3つしかない**ので、ここでシッカリ覚えておいちゃおう！

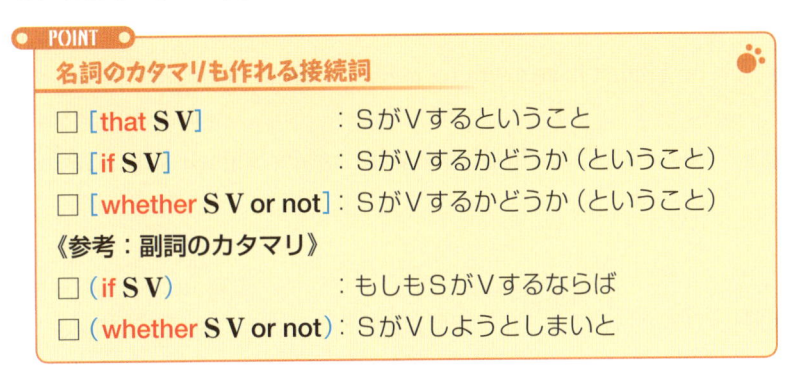

> **POINT**
> **名詞のカタマリも作れる接続詞**
> ☐ [that S V]　　　　　　：SがVするということ
> ☐ [if S V]　　　　　　　：SがVするかどうか（ということ）
> ☐ [whether S V or not]：SがVするかどうか（ということ）
> 《参考：副詞のカタマリ》
> ☐ (if S V)　　　　　　　：もしもSがVするならば
> ☐ (whether S V or not)：SがVしようとしまいと

さあ、ラストは並べるタイプの接続詞をやろう！

例　The sun rises in the east and sets in the west.
　　▶太陽は東から昇って西へ沈む。

and は、前後に同じ形のものを並べる働きをするんだ。例文では、
　　The sun {① rises in the east} and {② sets in the west}.
のように、and の前後は同じ形が並んでいるよね。▼
and の入った文を訳すときは、必ず①→②の順番で訳そうね！
いい？　じゃあ CHECK 問題で、覚えた知識を確認していこう！

図説　① and ②

▼ **並べるタイプの接続詞：and、or、but**
これらの前後には必ず何かと何かが対等に並んでいるの。
● and（..... と ..... ／ ..... そして .....）
● or　（..... または .....）
● but　（..... しかし .....）

155

第18講 分詞構文②
CHECK問題

第18講のまとめ

★受動態の分詞構文＝（Being）V_{pp} ..... , S V ..... .
　※「being」「having been」は省略できる

★分詞構文の否定形→「Not Ving .....」

問1 次の文を分詞構文に書きかえなさい。

□**1** As I didn't have anything to do, I went to the park.

□**2** As he was born in Germany, he speaks English with a German accent.

問2 日本文に合うように、空所に最も適する語句の番号を選びなさい。

□**3** どうしてよいかわからなかったので、彼は何もしなかった。
　　　（　　）what to do, he did nothing.
　　　① Not known　　　　　② Known not
　　　③ Not knowing　　　　④ Knowing not

□**4** 空模様から判断すると、今夜は雨かもしれない。
　　　（　　）the sky, it may rain tonight.
　　　① Judging from　　　② Weather permitting
　　　③ Considering　　　　④ Talking of

□**5** 率直に言えば、私はあごひげが君に似合っているとは思わない。
　　　（　　）, I don't think the beard suits you.
　　　① Generally speaking　　② Strictly speaking
　　　③ All things considered　④ Frankly speaking

新刊 本書の著者（大岩秀樹先生）が書いた ベストセラー英語長文問題集がついに大改訂！

次はコレ!!

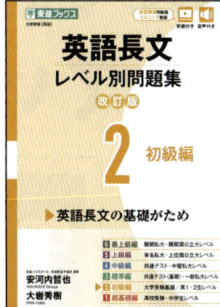

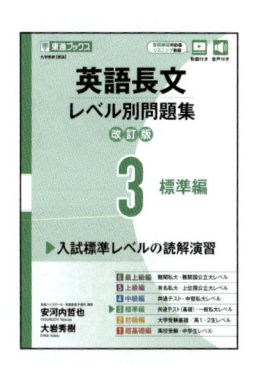

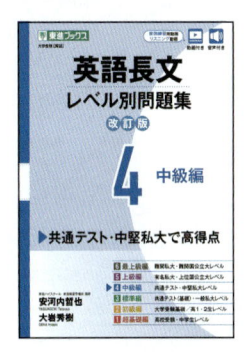

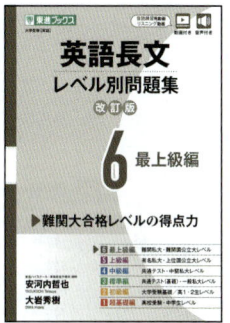

- 英語長文レベル別問題集 改訂版 **1** 超基礎編 ▶はじめての長文読解
- 英語長文レベル別問題集 改訂版 **2** 初級編 ▶英語長文の基礎がため
- 英語長文レベル別問題集 改訂版 **3** 標準編 ▶入試標準レベルの読解演習
- 英語長文レベル別問題集 改訂版 **4** 中級編 ▶共通テスト・中堅私大で高得点
- 英語長文レベル別問題集 改訂版 **5** 上級編 ▶有名私大合格レベルの得点力
- 英語長文レベル別問題集 改訂版 **6** 最上級編 ▶難関大合格レベルの得点力

英語長文レベル別問題集 改訂版

本邦初 ネイティブと一緒に音読できる！
音読練習用動画 付き
（出演：ニック・ノートン先生）

▶本書の全英文を音読できる動画です。単語のまとまりごとに「ネイティブの発音を聴く」「自分で発音する」を交互に繰り返します。ネイティブを真似して音読することで，**正しい発音**が身につきます！

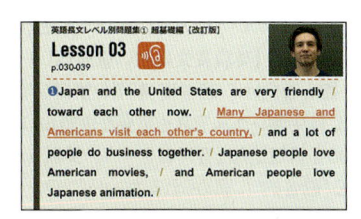

英語長文レベル別問題集① 超基礎編［改訂版］
Lesson 03
p.030-039

❶Japan and the United States are very friendly / toward each other now. / Many Japanese and Americans visit each other's country, / and a lot of people do business together. / Japanese people love American movies, / and American people love Japanese animation. /

「① 超基礎編」
Lesson01の音読動画は
こちらから試聴できます！

[著] 大岩秀樹／安河内哲也
【定価】①〜④：900円＋税／⑤〜⑥：1,000円＋税
【体裁】A5判／144〜192頁／3色刷

「全年齢対象」の「学び直し」教室
中学英語/数学を もう一度 はじめからていねいに

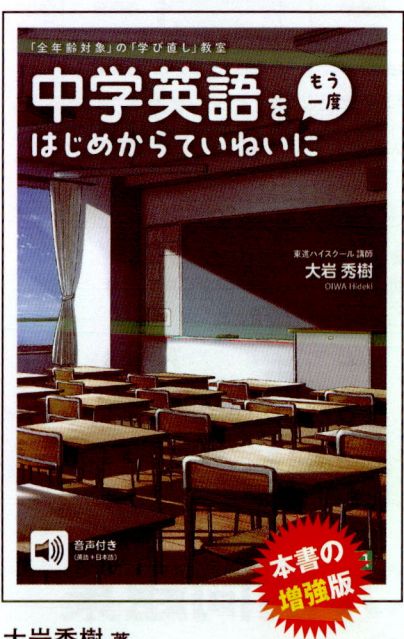

中学英語をもう一度はじめからていねいに
東進ハイスクール 講師
大岩秀樹 OIWA Hideki
音声付き（英語＋日本語）
本書の増強版

中学数学をもう一度はじめからていねいに
東進ハイスクール 講師
沖田一希 OKITA Kazuki
コマ割り形式

大岩秀樹 著
A5判／296頁／4色刷／1,500円＋税

▶ 本書『大岩のいちばんはじめの英文法【超基礎文法編】』と【英語長文編】（の重要部）を合本にし、初心者向けに"超基礎"事項の解説を増補。巻末には中学レベルで最も重要な単語600＋熟語300を新規追加（音声付き✎）。英語を超基礎から"総合的"に固められるオールインワン!!

音声（英語＋日本語）付き
日本語音声：渡瀬マキ
（「LINDBERG」ボーカル）

沖田一希 監修
A5判／528頁／4色刷／1,800円＋税

▶「知識ゼロ」の初心者でも、「はじめからていねいに」「学び直し」ができる、最もわかりやすい中学数学の講義本。これでわからなかったら、もう終わり…!?

お問い合わせ
株式会社ナガセ 出版事業部（東進ブックス）
〒180-0003 東京都武蔵野市吉祥寺南町1-29-2
TEL：0422-70-7456／FAX：0422-70-7457

東進ブックス

解答・解説

ここがポイント！

★ S V の前にカンマを付けてもってこれるのは、
副詞のみ！
例：(副詞のカタマリ) , S V ..... .

□ 1　正解＝ Not having anything to do, I went to the park.
　　　　（訳：することがなかったので、私は公園へ行った。）
★カタマリの中と外で S（I）が**同じ**なので消す。カタマリの中の V（didn't have）は過去、外の V（went）も過去で時制は**同じ**なので V は Ving にする。not を Ving の前に置く。接続詞は消す。

□ 2　正解＝ Born in Germany, he speaks English with a German accent.
　　　　（訳：ドイツ生まれなので、彼はドイツなまりの英語を話す。）
★カタマリの中と外で S（he）が**同じ**なので消す。カタマリの中の V（was born）は過去、外の V（speaks）は現在で時制が**違う**ので、V は Having been born となるが、Having been はふつう省略する。分詞構文なので、**接続詞はシッカリ消す**こと。

□ 3　正解＝③　★省略されている S（he）になりきり、「彼はどうしてよいのかわからない方」なので Ving にする。not は Ving の前に置くので、③が正解。Ving か V_{pp} かの判断は、省略された S になりきって、分詞と同じように考えればよい。

□ 4　正解＝①　★「～から判断すると」は、分詞構文を用いた頻出慣用表現の１つ「judging from ～」で表現する。よって①が正解。

□ 5　正解＝④　★「率直に言えば」は、分詞構文を用いた頻出慣用表現の１つ、「frankly speaking」で表現する。よって④が正解。「strictly speaking（厳密に言えば）」と間違わないよう、シッカリと区別して覚えておこう。

第18講　分詞構文②

第19講 関係代名詞 ①
~主格・所有格・目的格~

いよいよ泣く子も黙る「関係代名詞」！
関係詞は超頻出なので、
100% 頭に入れてしまおう!!

今回の主役
関係　　①**主格**(who/which/that)
代名詞の ②**所有格**(whose)
　　　　③**目的格**(whom/which/that)

まず、関係代名詞はどんなときに使うのかを見てみよう！

　　　I have a friend <u>who sings well.</u> ▶私には、上手に歌う友達がいます。
　　　　　　　　　　　説明

名詞 friend の後ろに、その friend を説明する**形容詞のカタマリ**
〈who sings well〉がきているね。
このように、**名詞の後ろに置いて、**
その名詞を色々と説明するときに関係代名詞を使うんだ。
名詞を後ろから説明（修飾）するっていうのは、
不定詞〈to V原〉や分詞〈Ving、Vpp〉なども同じだけど、
関係代名詞を使うのは**長い文**が説明として付く場合だと考えてね。

● POINT
名詞を後ろから説明する必殺3パターン
① 名詞 ＋〈to V原 .....〉　　（←短い句で名詞を説明）▼
② 名詞 ＋〈Ving[Vpp] .....〉（←短い句で名詞を説明）
③ 名詞 ＋〈関係代名詞 .....〉（←長い文[節]で名詞を説明）

▼「句」や「節」って何？
「句（く）」→ V を**含まない**カタマリのこと
「節（せつ）」→ V を**含む**カタマリのこと
※不定詞（to V原）や分詞（Ving/Vpp）は、V ではない（他の品詞）
　ので、そのカタマリは「句」というんだヒョ。

この、関係代名詞（形容詞のカタマリ）に説明される名詞には、先行詞というシャレた名前がついてるから覚えておいてね。
さて、関係代名詞には3種類があるんだけど、ちょっと見てみよう。

●関係代名詞の種類

先行詞	主格	所有格	目的格
人	who	whose	who(m)
人以外	which	whose	which
人・人以外	that	なし	that

主格・所有格・目的格があるのは、代名詞と同じだよね。（☞P.220）
これを踏まえながら、関係代名詞の使い方を見ていこう。
では、まずは一番基本の**主格**からいってみよう！

I 関係代名詞〈主格〉

関係代名詞は、先行詞が「人」か「人以外」かで使い分けをするんだ。
主格の場合、人なら **who**、人以外なら **which** を使うんだね。▼

主格の関係代名詞

人　〈who V〉
人以外　〈which V〉

例文1を見てみよう！

例文1

① I have a friend. + ② She sings well.
= I have a friend who sings well.

▶私には上手に歌う友達がいます。

▼ that は便利な関係代名詞

that は、主格・目的格の関係代名詞として、**どんな先行詞にも使える**のよ。だから、who、whom、which の代わりとして that も使えるの。ただ、人が先行詞のときはふつう who(m) を使うから、that は which の代わりが多いわね。

①の文の名詞 friend を、②の文が説明しているね。
そして、②の文には①の friend を指す代名詞 she が入っている。
このような2つの文をつなぐときは、
関係代名詞を使ってつなぐことができるからね。
この文は先行詞が人なので、who を使って、
②の she が指している a friend のすぐ後ろへつなげればできあがり！

    I have a friend.（＋ She sings well.）

 → I have a friend〈who sings well〉．
        「接続詞＋代名詞（she＝主格）」の働きをしてる！

このように、関係代名詞は「**接続詞＋代名詞**」の働きをするので、
関係代名詞を使ったら後ろの代名詞は必要なくなるよね。
つまり、**関係代名詞の後ろは必ず代名詞が抜けた形になる**んだ！

そして、その抜けた代名詞が、
もともとは主語（主格）として使われていた場合、
関係代名詞も主格になるわけなんだね。

    The dog is Fred's.（＋ It is running over there.）

 ＝ The dog〈which is running over there〉is Fred's.
   ▶向こうを走っている犬はフレッドの犬です。
   ※ The dog は「人以外」なので which を使っている！

この例文でも、which の後ろは主語（主格の代名詞）が抜けているし、
関係代名詞はその代名詞も兼ねているから主格なんだね。

一方、抜けた代名詞が**所有格**（his など）として使われていた場合は、
関係代名詞も**所有格**（whose）を使うんだ。
今度はそれを確認していこう！

2 関係代名詞〈所有格〉

所有格の関係代名詞は、先行詞が**人**でも**人以外**でも whose を使うんだ。

所有格の関係代名詞

人・人以外 〈**whose** 名詞〉　※ whose の代わりに that は使えない

まずは例文2を見てみよう！

例文2

① I know the girl. + ② Her father is a lawyer.

= I know the girl whose father is a lawyer.

▶私は、父親が弁護士の女の子を知っています。

上の文を見ると、②の文の **Her** は、前の **the girl** を指しているよね。
この2つの文をつなげてみよう。

　　　I know the girl. (+ Her father is a lawyer.)

　→ I know the girl 〈whose father is a lawyer〉.

　　　　　　　　　　　「接続詞＋代名詞(her ＝所有格)」の働き！

Her father の **Her** は、所有格の代名詞だよね。
この2つの文をつなげるときは関係代名詞を使えばいいんだけど、
関係代名詞に「所有格の代名詞」の働きもさせたいんだから、
関係代名詞は所有格（**whose**）にしなきゃいけないんだ。
このように、所有格の関係代名詞は
「接続詞＋**所有格**の代名詞」の働きをするんだね。
ちなみに、**Her father**（彼女の父親）でセットなので、
whose father もセットで扱うこと。バラバラにしちゃダメだよ！

第19講　関係代名詞①

▌whose は「の」!?

「the girl（**A**）whose father（**B**）→女の子（**A**）の父親（**B**）」
のように、whose を使った文は、先行詞（**A**）と whose の後ろの名詞（**B**）が「（**A**）の（**B**）」みたいにつながるという特徴があるのよ。

161

あとね、関係代名詞の所有格を使ったときは、
「**接続詞＋所有格＋名詞**」→「**whose ＋名詞**」
という形になるので、whose の後ろは、
my、his、her などの所有格の代名詞が抜けた形になるからね。

3 関係代名詞〈目的格〉

では、最後に**目的格**の関係代名詞をやってみよう！

目的格の関係代名詞

| 人 | 〈whom S V ▲〉|
| 人以外 | 〈which S V ▲〉|

※▲の箇所は名詞[代名詞]が抜けている！（目的格の関係代名詞は省略できる）

例文3

① The man spoke English. ＋② I met him in the zoo.
＝ The man whom I met in the zoo spoke English.

▶私が動物園で会った男性は英語を話した。

---

②の文の him は、①の文の The man を指してるよね。
これをつなげる場合、先行詞 The man は**人**なので、
関係代名詞の whom を使えばいいんだ。▼

　　　The man spoke English. (＋ I met him in the zoo.)
　→ The man (＋ I met him in the zoo) spoke English.
　→ The man 〈whom I met in the zoo〉 spoke English.
　　　　　　　↑
　　　　「接続詞＋代名詞（him＝目的語）」の働き！

▼ whom の代わりに who も使う！

現代英語では、whom の代わりに who を使うことも多いんだヒョ。だからよく「who(m)」と表されているだヒョ。ちなみに、関係代名詞の目的格は、省略するのが一般的なんだヒョ。

このように、目的格の関係代名詞 whom が、
「接続詞＋代名詞（**目的語**）」の働きをしているので、
whom の後ろは目的語が抜けた不完全な文になるんだ。
他動詞 met の後ろの O（him）が抜けているよね。
ちなみに、**目的格の関係代名詞は省略することが多いので、**

  The man I met in the zoo spoke English.

と書いてもいいんだよ。

さあ、ここまで頭に入った？
ちょっと混乱してるでしょ？
簡単に考えるとね、関係代名詞は下の図のようなイメージになるんだ。

① 名詞 A　　　　　　　文 B　代名詞
② 名詞 A　関係 代名詞))) 文 B
③ 名詞 A　関係 代名詞　文 B

つまり、名詞 A を説明するため、名詞 A の後ろに文 B を付けたいとき、
そのままじゃ付けられないから、
文 B にある代名詞（＝名詞 A を指す代名詞）を文頭にもってきて、
その代名詞に直前の名詞にくっつく力（接続詞的な力）を与えて、名詞 A の後ろにくっつける！
そうやってできたのが関係代名詞の文だと考えておこう。
そうすれば、関係代名詞の後ろは代名詞が抜けた形になるし、
抜けた代名詞の格（主格 or 所有格 or 目的格）に対応して、
関係代名詞の格（主格 or 所有格 or 目的格）も決まる、
というのもナットクだよね。
いい？　シッカリ復習して、理解できたら CHECK 問題へＧＯだね！

▼ 関係代名詞の穴埋め問題の裏技！
関係代名詞の格は、関係代名詞の後ろを見ればわかるのよ。
先行詞（**関係代名詞**）**V**　　　　　→主　格が入る
先行詞（**関係代名詞**）**名詞（所有物）**　→所有格が入る
先行詞（**関係代名詞**）**目的語が無い文**　→目的格が入る

第19講　関係代名詞①

第19講 CHECK問題

第19講 関係代名詞①

第19講のまとめ

関係代名詞 ─┬─ 主　格：　人　　〈who V〉
　　　　　　│　　　　　人以外　〈which V〉
　　　　　　├─ 所有格：人・人以外　〈whose 名詞〉
　　　　　　└─ 目的格：　人　　〈whom S V ▲〉
　　　　　　　　　　　　人以外　〈which S V ▲〉

問題　空所に最も適する語の番号を選びなさい。

☐ **1**　The boy (　　) I taught last year studied very hard.
　① what　　② whose　　③ whom　　④ which

☐ **2**　The cat (　　) eyes are blue is my uncle's.
　① who　　② whose　　③ that　　④ which

☐ **3**　The story (　　) was written by her was very interesting.
　① who　　② whose　　③ whom　　④ which

☐ **4**　I met a boy (　　) had long hair.
　① who　　② whose　　③ whom　　④ which

☐ **5**　The MD player (　　) I bought in Japan was very expensive.
　① who　　② whose　　③ whom　　④ which

解答・解説

ここがポイント！

★関係代名詞は**形容詞のカタマリ**を作って、前の名詞（先行詞）を説明する！
★関係代名詞の後ろは、代名詞が抜ける！
★目的格の関係代名詞は省略可！
★所有格の関係代名詞は「**whose** ＋名詞」がセット！

☐ **1** 正解＝③　The boy (whom) I taught last year studied very hard.
　　　　　　（訳：私が去年教えた男の子は非常に熱心に勉強した。）
★ taught と studied の２つの動詞があるので、接続詞（の働きがあるもの）が必要。よく見ると、他動詞 taught の **O** が抜けているので、空所には**目的格**の関係代名詞が入る。先行詞 The boy は人なので③が正解。

☐ **2** 正解＝②　The cat (whose) eyes are blue is my uncle's.
　　　　　　（訳：目が青い猫は私のおじの猫です。）
★ eyes の所有者（所有格の代名詞）が抜けているので、空所には**所有格**の関係代名詞が入る。したがって②が正解。

☐ **3** 正解＝④　The story (which) was written by her was very interesting.
　　　　　　（訳：彼女によって書かれた物語はとても面白かった。）
★空所の後ろの **S** が抜けているので、空所には**主格**の関係代名詞が入る。先行詞 The story は人以外なので④が正解。

☐ **4** 正解＝①　I met a boy (who) had long hair.
　　　　　　（訳：私は髪の長い男の子に会った。）
★空所の後ろの **S** が抜けているので、空所には**主格**の関係代名詞が入る。抜けている **S** は、先行詞 a boy は人なので①が正解。

☐ **5** 正解＝④　The MD player (which) I bought in Japan was very expensive.
　　　　　　（訳：私が日本で買った MD プレーヤーはとても高かった。）
★他動詞 bought の後ろの **O** が抜けているので、空所には**目的格**の関係代名詞が入る。先行詞 The MD player は人以外なので④が正解。

第19講　関係代名詞①

165

第20講 関係代名詞 ②
～前置詞＋関係代名詞 ＆ 関係代名詞の what～

第20講は第19講よりも入試出題率が高いので、極めた者が勝者となる!!

今回の主役
① 前置詞＋関係代名詞
② 名詞のカタマリを作る関係代名詞

いやあ、関係代名詞って本当にスゴイよね！
これをマスターすれば、ア〜ンナコトやコ〜ンナコトだけじゃなく、ソ〜ンナコトまで表現できるわけなので、もう、やるしかないでしょ！
さて、今回の主役は2人だけど、①の「前置詞＋関係代名詞」は、目的格の関係代名詞の続きとして聞いてね。

I 前置詞＋関係代名詞 〜目的格の関係代名詞〜

目的格の関係代名詞は、他動詞や前置詞の後ろの O が抜けるんだけど、前置詞の後ろの O が抜けるパターンはやってなかったよね。
この講は、そこから始めてみよう。

目的格の関係代名詞　〜前置詞の O が抜けた場合〜

　　　人 〈whom SV 前置詞 ▲〉　※▲の所は名詞［代名詞］が抜けてる！
＝　人 〈前置詞 whom SV〉

　　　人以外 〈which SV 前置詞 ▲〉
＝　人以外 〈前置詞 which SV〉

では、次のページの例文1を見てみよう！

> 例文1

① The girl is my daughter. +② Dick is playing with her.
= The girl 〈whom Dick is playing with〉 is my daughter.
= The girl 〈with whom Dick is playing〉 is my daughter.
　▶ディックが遊んでいる女の子は私の娘です。

よく質問されるんだけど、上の②の文の her は、
①の文の The girl と my daughter のどっちを指してると思う？
…そう！　The girl の方だからね！▼
そこまでわかれば、あとは前の講でやったのと同じだよ。
The girl は人なので、関係代名詞の whom を使って、
②の文を The girl の後ろにつなげれば完成だよね。

ここで注目！　例文1の2行目の英文を見て！
あ！〈　〉の中が前置詞 with で終わってる！
実は、**前置詞の後ろの代名詞が抜けてるときは、
さらにその文を書きかえることができる**らしいぞ！
結論から言うと、**前置詞が関係代名詞の前に来る!!!**
ふつう、前置詞の後ろには名詞が来るのに、
〈　〉の中ではその名詞が消えているよね。
当然、前置詞は後ろに名詞がいないとさびしい…（ぽつーん）。
前置詞くんは、名詞[代名詞]くんの**前**にいるのが好きなんだよね。
そこで、「もともといた代名詞くんはどこへ行った？」と探すわけ。
そして、「あ、そうだ！　今、代名詞くんは『関係代名詞』になって、
『接続詞＋**代名詞**』の働きをしているんだ！　ボクも行こう！」となって、
前置詞くんは関係代名詞の前へ移動するんだ。

　　The girl 〈whom Dick is playing with〉 is my daughter.
　= The girl 〈with whom Dick is playing〉 is my daughter.

> ▼関係代名詞は形容詞のカタマリ（名詞の説明）を作るよね。説明はふつう「漠然としていてわかりにくい名詞」に付くものなの。The girl（女の子）と my daughter（私の娘）では、The girl の方が誰を指してるのか不明で漠然としてるよね。だから、her は The girl の方を説明してるとわかるのよね。

第20講　関係代名詞②

167

そして2人は一緒になることができました。めでたし、めでたし。
こんな感じで（笑）、「前置詞＋関係代名詞」という形ができるんだ。
ちなみに、前置詞が関係代名詞の前に移動してきたときは、
①「前置詞＋関係代名詞」の関係代名詞は**省略できない**！
②「前置詞＋関係代名詞」の関係代名詞は **that が使えない**！
という、2つのルールが加わるので、絶対におさえておこう。

では、確認のためにもう1つ例文を見てみよう！

例文2

That is the house.　Jack lives in it.

▶あれは家です。ジャックがそこに住んでいます。

この2つの文を関係代名詞でつないでみるよ。

　① That is the house.（＋ Jack lives in it.）
→② That is the house 〈which Jack lives in〉．
＝③ That is the house 〈in which Jack lives〉．▼

　　▶あれはジャックが住んでいる家です。

前置詞は関係代名詞の前へ移動することができるんだから、
②と③の文は同じ意味の文で、どちらも正しい形なんだ。入試では、

　　That is the house (　　) which Jack lives.

のような文を出して、空所に前置詞を入れさせる問題が出るんだけど、
これはもう解けるよね！
コツとしては、まず、空所を後ろに移動し、

　　That is the house which Jack lives (　　)．

先行詞の代名詞 it を空所の後ろに付けて、

　　That is the house which Jack lives (　　) it.

としてから考えれば、1秒で「in」ってわかるよね！

注意

▼「前置詞＋関係代名詞」の後ろは完全な文！

「前置詞＋関係代名詞」の後ろは、名詞が何も抜けていない完全な文になっていることを確認してね。③の文の「in which Jack lives.」も、Jack（**S**）＋ lives（**V**(自)）．で第1文型が完成し、何も抜けていない完全な文になっているよね。

2 関係代名詞の what

次は、これまた頻出の超重要文法、
関係代名詞の what をやってみよう！

> **関係代名詞の what　〜名詞のカタマリを作る関係代名詞〜**
>
> [what V]　　　：Vすること[もの]　　※ S が抜けてる！
>
> [what S V ▲]：SがVすること[もの]　※▲の所で名詞[代名詞]が抜けてる！

関係代名詞には what というものもあって、
what も「接続詞＋代名詞」の働きをするのは同じだよ。
でもこれは、形容詞のカタマリではなく、
名詞のカタマリを作るんだよね。
名詞扱いなので、訳すときは「**〜もの・〜こと**」と訳すといいよ！

とりあえず、例文3を見てみよう！

例文3

What Richard said is true.

▶リチャードが言った**こと**は本当だ。

この **What Richard said** が、
「リチャードが言った**こと**」という、
名詞のカタマリを作っているのがわかるかな？
関係代名詞の what は、**先行詞を含む関係代名詞**ともいわれ、
要は「**the thing(s) which**」が変化したものなんだ。

　　[The thing(s) which Richard said] is true.
　　　　↓
　　[What Richard said] is true.

What ＝ The thing(s) which ということだよね。

でも、細かいことは気にせず、
「**関係代名詞の what は名詞のカタマリを作る！**」
と 100 回くらいつぶやいて丸暗記しちゃった方が早いからね。
ところで、例文 3 の what は、
名詞のカタマリを作って **S** になっているよね。
名詞のカタマリということは、
「**S・O・C**」や「**前置詞の O**」になれるということだよね？
今度はそれを確認してみよう！

例　Give me [what you have in the box].　　※what ＝ O のカタマリ
　　▶その箱に入っているものを私に渡しなさい。

この文では、what のカタマリが、
give [O₁（人に）][O₂（モノを）] の O₂ になっている。
what のカタマリが目的語（O）として使われている例だよね。
what は関係代名詞だから、
必ず後ろの名詞 [代名詞] が抜けているからね。

では続いて、what が **C** や「**前置詞の O**」になってる例を見てみよう。

例　This is [what Susanna did].　　※what ＝ C のカタマリ
　　▶これはスザンナがしたことです。

例　Tell me about [what happened in the classroom].
　　▶教室で起こったことについて私に教えてください。　※what ＝前置詞の O のカタマリ

このように、what は **C** や「**前置詞の O**」のカタマリにもなるんだね。

さあ、これで what の基本形はバッチリおさえたから、
最後に関係代名詞 what を使った慣用表現をおさえて終わりにしよう！
右ページの一覧をザッと見てみて。

石田「あのさ、『前置詞の O』って何なの？　O（目的語）は、他動詞の後ろにくるんじゃなかったっけ？」
英子「ここでいう前置詞の O とは、前置詞の後ろにくる名詞のことなのよ。前置詞の後ろには必ず名詞がくるよね（☞P.43）？その名詞のことを『前置詞の O』と言ってるのよ」

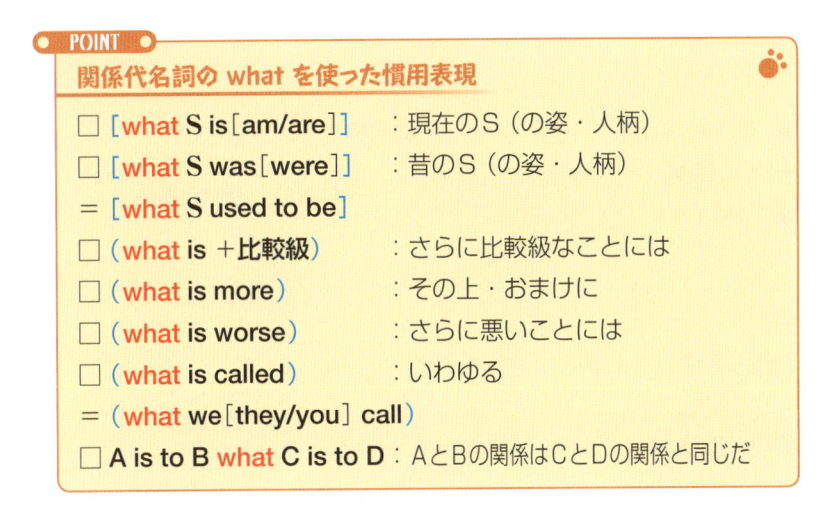

> **POINT**
>
> **関係代名詞の what を使った慣用表現**
>
> - [what S is[am/are]] ：現在のS（の姿・人柄）
> - [what S was[were]] ：昔のS（の姿・人柄）
> = [what S used to be]
> - (what is ＋比較級) ：さらに比較級なことには
> - (what is more) ：その上・おまけに
> - (what is worse) ：さらに悪いことには
> - (what is called) ：いわゆる
> = (what we[they/you] call)
> - A is to B what C is to D：AとBの関係はCとDの関係と同じだ

一通り頭に入ったら、次の例文４を見てみよう！

例文4

Nancy doesn't know what I am.

▶ナンシーは今の私を知らない。

昔 → 今

この文では、慣用表現の what S is[am/are] が使われていて、what I am が O のカタマリを作っているんだよ。

　　Nancy doesn't know [what I am].

このように、関係代名詞 what は**名詞のカタマリ**として使うよね。
でも、ここで注意！
慣用表現のときだけは**副詞のカタマリ**を作る what もあるんだ。

例 Jim is (what is called) a walking dictionary.
　　▶ジムはいわゆる生き字引だ。（生き字引＝物知りの人）

この (what is called) が副詞のカタマリになっているように、慣用表現には what の**例外**的な使い方も多いんだ。
でも、「これは例外だ」とわりきって暗記しちゃってね！
では、CHECK問題で頭の中を整理していこう！

第20講 関係代名詞②

第20講 CHECK問題

第20講のまとめ

★ 〈関係代名詞 S V 前置詞 ▲〉= 〈前置詞 関係代名詞 S V〉
★ [what V]　：Vすること[もの]　⎫
★ [what S V]：SがVすること[もの]　⎬ 名詞のカタマリを作る
　　　　　　　　　　　　　　　　　⎭

問題 空所に最も適する語句の番号を選びなさい。

□1　December is the month in (　　) we are busy.
　　① which　　② whom　　③ what　　④ that

□2　This is the library (　　) I study math every day.
　　① which　　② in which　　③ in that　　④ in

□3　My mother is not (　　) she was.
　　① which　　② that　　③ whom　　④ what

□4　(　　) he said so is true.
　　① What　　② That　　③ In which　　④ Which

□5　We cannot rely on (　　) Paul says.
　　① which　　② that　　③ whom　　④ what

解答・解説

ここがポイント！

★関係代名詞 what は名詞のカタマリを作る！
★「前置詞＋関係代名詞」の関係代名詞（目的格）は省略不可で、that も使えない！

□ **1** 正解＝① December is the month in (which) we are busy.
（訳：12月は私たちが忙しい月です。）

★動詞が is と are の２つあるので接続詞が必要。また、空所の後ろは第２文型（we are busy）が完成し、何も抜けていないので「前置詞＋関係代名詞」とわかる。先行詞は「人以外」なので①が正解。

□ **2** 正解＝② This is the library (in which) I study math every day.
（訳：これは私が毎日数学を勉強している図書館です。）

★空所後は第３文型（I study math）が完成。何も抜けていないので、「前置詞＋関係代名詞」の②が正解。

□ **3** 正解＝④ My mother is not (what) she was.
（訳：母は以前の母ではない。）

★「what S was[were]」という what の慣用表現。④が正解。My mother is not [what she used to be]. と書くこともできる。

□ **4** 正解＝② (That) he said so is true.
（訳：彼がそう言ったということは本当です。）

★ said の後ろに so があり、何も抜けていないので、what は使えない。is の前なので S（名詞）のカタマリを作る接続詞 that の②が正解。「that S V（完全な文）」は「〜ということ」という名詞のカタマリを作る。③は空所の前に先行詞がないので×。

□ **5** 正解＝④ We cannot rely on (what) Paul says.
（訳：ポールの言うことをあてにすることはできない。）

★他動詞 says の後ろの O が抜けているので、空所には関係代名詞が入る。前置詞 on の後ろには名詞がくるので、名詞のカタマリを作る④が正解。「前置詞＋関係代名詞」は後ろに何も抜けていない文がくるし、先行詞も必要なのでここでは使えない。

第20講 関係代名詞②

173

第21講 関係副詞
~ where・when・why・how ~

関係副詞も形容詞のカタマリを作るんだ。関係代名詞との違いをバッチリ押さえて、得意分野にしよう！

今回の主役
関係副詞の
where when why how

さあ、今回は関係代名詞の双子の妹のような存在、関係副詞だよ。
似ているようで違う。違うようで似ている。そんな存在。
つまり、似ている部分と、違っている部分をおさえるのがポイント。
まず、似ている部分だけど、関係副詞は関係代名詞と同じように、
形容詞のカタマリを作って、名詞の後ろに付き、
その名詞に色々と説明を加えることができるんだ。

例 That is the lake where he has swum before.
　　　　　　　　　　　説明

▶あれは彼が以前泳いだことのある湖です。

関係副詞には、where、when、why、how の4つがあるからね。
先行詞に「場所」「時」「理由」「方法」を表す言葉がきたとき、
それぞれに対応する関係副詞を使うことができるよ。

● POINT

4つの関係副詞

① 場所（を表す言葉）　＋ where S V（完全な文）
② 時（を表す言葉）　　＋ when S V（完全な文）
③ 理由（the reason）　＋ why S V（完全な文）
④ 方法（the way）　　＋ how S V（完全な文）

次は違っている部分だね。
関係代名詞の後ろは必ず名詞[代名詞]が抜けていたけど、
関係副詞の後ろは名詞[代名詞]が抜けていない完全な文がくる
というのが最大の違いだよ！
じゃあ、①〜④の関係副詞の例文を順に見ていこう！

1 関係副詞の where・when・why・how

関係副詞の where は、先行詞が**場所**を表す名詞のときに使うよ。

　This is the house.（＋ Jim lives there.）
= This is the house where Jim lives.（関係副詞の文）
　▶これはジムが住んでいる家です。

上の（　）の文の副詞 there（そこに）は、
前の文の the house という場所を表す名詞を指しているよね？
こんなとき、関係副詞を使ってその２文をつなぐことができるんだ。

　This is the house.（＋ Jim lives there.）
→ This is the house.（＋ there Jim lives.）← there を文頭に動かした
→ This is the house〈where Jim lives〉. ←「＋ there」が where になった
　　　　　　　　　　　　　　　　　　「接続詞＋副詞」の働き！

関係副詞が関係代名詞と違うのは、
関係代名詞は「接続詞＋**代名詞**」の働きをしたけど、
関係副詞は「接続詞＋**副詞**」の働きをするんだ。
この例文でも、副詞 there が前に移動して、
「接続詞」の力を与えられて関係副詞になったよね。
だから、関係副詞の後ろの副詞 there は消えるんだね！
関係副詞は次の図のようなイメージだと考えるとわかりやすいよ。

■ 関係副詞も〈形容詞のカタマリ〉！
上の例文でも、完成した where 以降は**形容詞のカタマリ**なので、
「〈ジムが住んでいる〉→家」のように、**前の名詞にかかるように**
訳してね。関係副詞も関係代名詞と同じように、〈形容詞のカタ
マリ〉になって前の先行詞を説明するものなのよ。

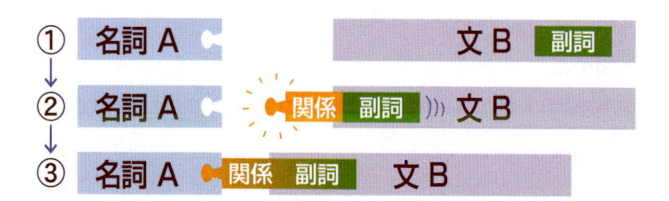

① 名詞A　　　　　　　　　文B　副詞
② 名詞A ⌬ 関係 副詞))) 文B
③ 名詞A ⌬ 関係 副詞 　文B

関係代名詞では「**代名詞**」が文頭に動いたけど (☞P.163)、
関係副詞は「**副詞**」が文頭にきて関係副詞に変化するんだね。
副詞は修飾語だから、消えても完全な文が残るわけなんだ。

じゃあ、次は **when** を見てみよう。
関係副詞の **when** は、先行詞が**時**を表す言葉のときに使うよ。

　　December is the month.（＋ We are busy in the month.）▼
＝ December is the month〈when we are busy〉.（関係副詞の文）
　▶12月は私たちが忙しい月です。

ちなみに、この文は前の講でやった関係代名詞を使って、

　　December is the month〈which we are busy in〉.
＝ December is the month〈in which we are busy〉.

のようにも書けるんだ。つまり、
「**関係副詞＝前置詞＋関係代名詞**」
という関係が成り立つんだよね。
これもシッカリ覚えておいてね！

続いて **why** にいこう。
関係副詞の **why** は、先行詞が **the reason**（**理由**）のときに使うよ。

▼「前置詞 …… 名詞」＝「副詞［形容詞］のカタマリ」！
この in the month は副詞のカタマリを作っているのよ。前置詞は、後ろに出てくる名詞までを副詞［形容詞］のカタマリとして使う合図だったよね。この副詞（in the month）が関係副詞 when に変わって先行詞 the month を修飾するのよね。

Tell me the reason. (+ She is angry for the reason.)
= Tell me the reason ⟨why she is angry⟩.　（関係副詞）
= Tell me the reason ⟨for which she is angry⟩.（関係代名詞）
▶彼女が怒っている理由を教えてくれ。

ここで１つ覚えてほしいルールがあるのよね。
「the reason why」は、
「the reason」か「why」のどちらかを**省略してもいい**んだ。
だから、次のように言ってもいいからね。

Tell me why she is angry.　←「the reason」を省略
Tell me the reason she is angry.　←「why」を省略

では最後、how で終わりにするよ！　関係副詞の how は、
先行詞が the way（**方法**）のときに使うんだけど、
最初に**絶対に覚えておかなければならないルール**を教えるね！
「the way how」は、
「the way」か「how」のどちらかを**省略しなければならない**からね！

This is the way. (+ Vicky made the machine in the way.)
= This is the way Vicky made the machine.　（how を省略）
= This is how Vicky made the machine.　（the way を省略）
= This is the way in which Vicky made the machine.（関係代名詞）
▶これがビッキーがその機械を作った方法です。

「the way」か「how」のどちらかを省略しなければならないから、
関係副詞の文を作るときは２パターンの文ができるんだね。

さあ、それでは関係代名詞の双子の妹、関係副詞の話はおしまいだよ。
最初は一卵性双生児（うりふたつ）に思えた２つが、
二卵性双生児（うりふたつではない）に思えるようになったよね…!?
　　　　　　　　　　　　　　↑※本人はうまいこと言ったつもり
・・・さあ、それでは CHECK 問題で、覚えたことを整理しよう！

第21講　関係副詞

第21講 関係副詞

CHECK問題

第21講のまとめ

　　　　《先行詞》　　《関係副詞》
- ★　　場所　　〈where S V〉
- ★　　時　　　〈when S V〉
- ★ the reason 〈why S V〉　　※ the reason か why を省略できる
- ★　the way　〈how S V〉　　※ the way か how を必ず省略する

問題　空所に最も適する語句の番号を選びなさい。

☐ **1** Summer vacation is the time (　　) we are free.
　① where　　② when　　③ why　　④ how

☐ **2** This is the reason (　　) I gave up smoking.
　① which　　② how　　③ why　　④ for that

☐ **3** Tell me (　　) you solved the problem.
　① which　　② the way　　③ what　　④ the way how

☐ **4** That is the temple (　　) I want to visit someday.
　① at which　② where　　③ which　　④ when

☐ **5** I want to visit the town (　　) Paul was born.
　① where　　② in where　③ which　　④ when

178

解答・解説

ここがポイント！

★**関係代名詞**＝後ろは名詞が抜けた**不完全な文**
★**関係副詞**＝後ろは名詞が抜けてない**完全な文**
★関係副詞も関係代名詞も**形容詞のカタマリ**を作る

---

1 正解＝② Summer vacation is the time (when) we are free.
（訳：夏休みは私たちが自由な時間です。）

★動詞が is と are の２つあるので接続詞が必要。また、空所の後ろは第２文型（we are free）が完成し、名詞が抜けていないので「関係副詞」が入る。先行詞が**時**を表す語なので②が正解。

2 正解＝③ This is the reason (why) I gave up smoking.
（訳：これが私が禁煙した理由です。）

★空所の後ろは名詞が抜けていないので、「関係副詞」か「前置詞＋関係代名詞」が入る。先行詞が the reason（**理由**）なので③が正解。「前置詞＋関係代名詞」のとき、関係代名詞に that は使えないので④は×。

3 正解＝② Tell me (the way) you solved the problem.
（訳：君がその問題を解いた方法を教えてくれ。）

★空所の後ろは名詞が抜けていないので「関係副詞」が入る。the way と how はどちらかを省略しなければいけないので②が正解。

4 正解＝③ That is the temple (which) I want to visit someday.
（訳：あれは私がいつか訪れてみたいお寺です。）

★今回は、他動詞 visit の後ろの名詞（**O**）が抜けているので、関係代名詞を使う。よって③が正解。ひっかからないように注意！

5 正解＝① I want to visit the town (where) Paul was born.
（訳：私はポールが生まれた街を訪れたい。）

★空所の後ろは名詞が抜けていないので「関係副詞」が入る。先行詞が**場所**を表す名詞なので①が正解。「前置詞＋関係代名詞」の in which があれば、それも正解となる。

特別講義
形容詞のカタマリ

は〜い、みなさんこんにちは！
形容詞、好きですか〜!?
私は好きです！　ハッキリ言って、大好きです！
だって、形容詞のカタマリを 名詞 の後ろに付けると、
いろんなイメージを伝えることができるんですもの。

　　　名詞 〈to V原 .....〉　　← to 不定詞（形容詞的用法）
　　　名詞 〈Ving .....〉など　← 分詞
　　　名詞 〈who V .....〉など ← 関係代名詞

これらの文法を使えば、
あんなイメージやこんなイメージだけでなく、そんなイメージまで……!?
もう、自由自在にお伝えできるようになっちゃうのが形容詞！
もう、最高!!!

・・・というわけで、よろしいでしょうか。
ここまでの授業で〈形容詞のカタマリ〉をたくさん身につけてきたので
表現力もだいぶ豊かになってきた頃じゃないかなと思います。
でも、〈形容詞のカタマリ〉って結構「難しい」って誤解されている場合
が多いので、ここでもう一度、
別な角度から復習しちゃおうかなって思ってます。

「名詞 〈形容詞のカタマリ〉」という形がまだ頭に入りきっていない人は、
〈形容詞のカタマリ〉から何か 名詞 が抜けているということがわかって
いない場合が多いんだよね。
そこで、「名詞 〈形容詞のカタマリ〉」という形は、
小学校で習った（はずの）**「文章の名詞化」**によってできあがるのだと考
えてみましょう！
「名詞化」とは文字どおり、文の語順を変えることで、
その文を名詞のカタマリにしてしまうワザです。

I 文章の名詞化

日本語の文章の多くは、文中の 名詞 を文末に移動すると、

　　〈形容詞のカタマリ〉 名詞

という形に変換できるのは知っているでしょうか？
例えば、このような感じです。

　　 その男性 は 犬 を飼っている。

　① その男性 を文末へ移動した場合
　　→〈犬を飼っている〉 その男性

　② 犬 を文末へ移動した場合
　　→〈その男性が飼っている〉 犬

文中にある 名詞 を後ろに移動して、
名詞 の前が〈形容詞のカタマリ〉になるようにすると、
「〈形容詞のカタマリ〉 名詞 」という形になるよね。
このように、文章を「〈形容詞のカタマリ〉 名詞 」という形に「名詞化」
したものは、名詞のカタマリとして使えるようになるんだけど、
実はこれが、第2章でやってきた「 名詞 〈形容詞のカタマリ〉」たちの
正体なのです‼

・・・といきなり言われても、
よくわからないですよね？
では、次は英語で見ていっちゃいましょう！

2 形容詞のカタマリ① 〜to 不定詞〜

日本語では、〈形容詞のカタマリ〉を 名詞 の**前**に置いたよね。
英語の場合は、文中の 名詞 を前に出して、
名詞 の**後ろ**に〈形容詞のカタマリ〉を置く形にすれば完成です！

　　　名詞 〈形容詞のカタマリ〉
＝ 名詞 〈to V原 .....〉

という形ですね。
〈形容詞のカタマリ〉に修飾される名詞は ☐ で囲んであるからね。
では、文章の名詞化で「名詞 〈形容詞のカタマリ〉」という形を作ってみましょう。

（主語で名詞化）
　　　The man loves her.　　（その男性は彼女を愛している。）
→ the man 〈to love her〉　（彼女を愛しているその男性）

（目的語で名詞化）
　　　I read a lot of books .　（私はたくさんの本を読む。）
→ a lot of books 〈to read〉　（読むべきたくさんの本）
※ I は文の主語と同じと考え消す

（前置詞の後の名詞で名詞化）
　　　I live in the house .　（私はその家に住んでいる。）
→ the house 〈to live in〉　（住むためのその家）
※ I は文の主語と同じと考え消す

to 不定詞を使った「名詞 〈to V原 .....〉」も、文中の名詞を前に出して、
「名詞 〈形容詞のカタマリ〉」という形にしたものなんだ。
このことがわかると、「名詞 〈形容詞のカタマリ〉」のように、
名詞 と〈形容詞のカタマリ〉をくっつけて使う必要があるのがわかるよね（名詞と〈形容詞のカタマリ〉を離してしまう人がいるので注意！）。

3 形容詞のカタマリ② 〜分詞〜

では、次は分詞を見てみよう！

　　　名詞 〈形容詞のカタマリ〉
① 名詞 〈Ving .....〉
② 名詞 〈V_pp .....〉

分詞を使ったこの①②の形も、
文章の名詞化によって作ることができるんです。

　　　A dog is running in the park.　　（犬がその公園を走っている。）
→　a dog 〈running in the park〉　　（その公園を走っている犬）
　　　　　　　　　　　　　　　　　　※動詞 is は不要なので消える

　　　The book is written in English.　　（その本は英語で書かれている。）
→　the book 〈written in English〉　　（英語で書かれているその本）
　　　　　　　　　　　　　　　　　　※動詞 is は不要なので消える

文の 主語 を使って「 名詞 〈形容詞のカタマリ〉」という形を作っているのがわかるかな？

ではもう1つ！

　　　The cat lives in the house.　　（その猫はその家に住んでいる。）
→　the cat 〈living in the house〉　　（その家に住んでいるその猫）

このように、文の 主語 の後に〈形容詞のカタマリ〉を付けて名詞化したものが、分詞の「 名詞 〈Ving .....〉」や「 名詞 〈V_pp .....〉」という形なんだね！

4 形容詞のカタマリ③ 〜関係代名詞〜

関係代名詞や関係副詞も同じ〈形容詞のカタマリ〉だけど、
「ちょっと関係代名詞は・・・」とつむく人が多いので、
ここでは関係代名詞で「名詞〈形容詞のカタマリ〉」という形を作って
みよう！　簡単だからね！

　　　名詞〈形容詞のカタマリ〉
① 　人　 〈who V .....〉
② 人以外 〈which V .....〉
③ 　人　 〈who(m) S V .....〉
④ 人以外 〈which S V .....〉

関係代名詞を使ったこの①〜④の形も、
文中の 名詞 を前に出して名詞化したものなんだ。

　　The man lives in the village.　　　（その男性はその村に住んでいる。）
→　the man 〈who lives in the village〉　（その村に住んでいるその男性）

　　The dog barks at the woman.　　　（その犬はその女性をほえる。）
→　the dog 〈which barks at the woman〉（その女性をほえるその犬）

　　The dog barks at the woman .　　　（その犬はその女性をほえる。）
→　the woman 〈who(m) the dog barks at〉（その犬がほえるその女性）

　　The man lives in the village .　　　（その男性はその村に住んでいる。）
→　the village 〈which the man lives in〉（その男性が住んでいるその村）

「名詞〈形容詞のカタマリ〉」という形は、
〈to V原〉〈Ving .....〉〈who V .....〉などなど、
色々な〈形容詞のカタマリ〉を使って作ることができるんだけど、
すべてもとは１つの文を名詞化したものなんだよ、
ってことがわかってもらえたかな？

5 名詞化したカタマリを文へ組み込む

では、最後に、名詞化したものを文の中に組み込んでみよう。
名詞化したものは、ふつうに名詞を置く位置に置けばいいからね。
基本的には主語（S）や目的語（O）の位置に置くことが多いので、
ここではその位置に置いた文を確認しておこう！

The book 〈written in English〉 is Frank's.
▶英語で書かれたその本はフランクのものだ。(人's＝人のもの)

The man 〈who lives in the village〉 is kind.
▶その村に住んでいるその男性は親切だ。

I have a lot of books 〈to read〉.
▶私には読むべきたくさんの本がある。

さあ、どうだったでしょうか!?
もし、〈形容詞のカタマリ〉の授業で少しだけ混乱していたとしても、
この授業でスッキリしてくれたら嬉しいです！

さあ、それでは理解を深めたところで
さっそく次へと進んでいきましょう!!!
次はいよいよ最後の章、
「その他の重要文法」を一気におさえますよ！

第2章の総まとめ

●カタマリ一覧表

	名詞のカタマリ	形容詞のカタマリ	副詞のカタマリ
不定詞	《名詞的用法》 [to V原]	《形容詞的用法》 〈to V原〉	《副詞的用法》 (to V原)
動名詞	[Ving]	×	×
分詞	×	《分詞》 〈Ving[V_pp]〉	《分詞構文》 (Ving[V_pp])

- S, O, C になれる！
- 名詞を飾る！ ※分詞は C にもなれる！
- 名詞以外を飾る、ただの修飾語

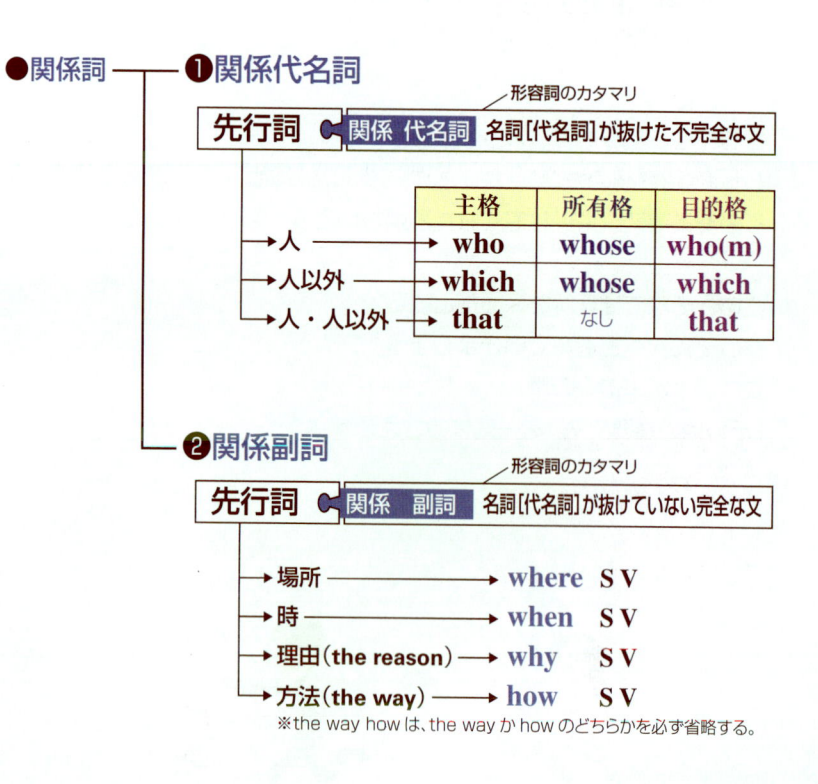

★Ving の**名詞**的用法が**動名詞**、**形容詞**的用法が**分詞**、**副詞**的用法が**分詞構文**ということもできるよね！（V_pp は動名詞には無い！）

●関係詞

❶関係代名詞

先行詞 ― 関係代名詞 ― 名詞[代名詞]が抜けた不完全な文（形容詞のカタマリ）

	主格	所有格	目的格
→人	→who	whose	who(m)
→人以外	→which	whose	which
→人・人以外	→that	なし	that

❷関係副詞

先行詞 ― 関係副詞 ― 名詞[代名詞]が抜けていない完全な文（形容詞のカタマリ）

- →場所 ――→ where S V
- →時 ――→ when S V
- →理由 (the reason) ――→ why S V
- →方法 (the way) ――→ how S V

※the way how は、the way か how のどちらかを必ず省略する。

第3章
その他の重要文法

第1章の「全項目で必要な知識」、第2章の「カタマリを作る文法」が終わって、いよいよ最後の章だね。この章では、「その他の重要文法」ということで、「比較」と「仮定法」を中心に講義するよ。残りはたった4講だけだから、最後の気力をふりしぼってついてきてね！

22
23
24
25

第22講 比較①
〜勝ち・引き分け・負け〜

比較は"何と何[誰と誰]"の"何について"比べて、その結果"どっちが勝ったのか"を押さえよう！

今回の主役
原級と比較級

比較っていうのは、その名のとおり「比べる」ってことなんだけど、比べるポイントとなる品詞ってな〜んだ？
…そう！
「どちらがより beautiful か」とか、
「どちらがより fast か」のように、
形容詞や副詞を比べることができるんだよね。
たまに「名詞！」って答えるツワモノもいるけど、
例えば「どちらがより dog か？」では、意味不明ですから!!!
名詞や動詞という要素は比較できないので気をつけてね！
では、さっそく比較の授業を始めましょうか。

何かを比較したときは、絶対に3つの答えしか出てこないよね!?
例えば、「ボクと石田のどちらが cute か」を比べたら、

①ボクの方が cute ！　　　→ボクの**勝ち**
②どちらも同じくらい cute ！ →**引き分け**
③ボクの方が cute じゃない！ →ボクの**負け**

の3つの答えしかないでしょ？
だから、比較はその3パターンの表現をおさえてしまえばいいよね。

1 「勝ち」から書くパターン

何かと何かを比べて「勝ち」の方から文を書くときには、
形容詞[副詞]を「**比較級**」という形に変えて書くので、まずは比較級の
作り方と、次の講でやる最上級の作り方をセットでマスターしよう！

POINT

比較級／最上級の作り方

【5字以下の単語の場合】

❶ふつう→ er（比較級）／ est（最上級）で終わる形を作る
　例 long（4字）→ long**er** → long**est**

❷語尾が「子音字※1＋ y」の語
　→ y を i に変えて er（比較級）／ est（最上級）を付ける
　例 easy → eas**i**er → eas**i**est　★ s が子音字

❸語尾が「短母音※2＋子音字」の語
　→子音字を重ねて er（比較級）／ est（最上級）を付ける
　例 big[bɪɡ] → big**g**er → big**g**est　★ [ɪ] が短母音で g が子音字

【6字以上の単語の場合】

●ふつう→「**more** ＋原級※3」（比較級）／「**most** ＋原級」（最上級）
　例 interesting（11字）→ **more** interesting → **most** interesting

【例外】

❶ 6字でも er（比較級）／ est（最上級）を付ける単語
　例 strong（6字）→ strong**er** → strong**est**

❷不規則変化※4する単語
　例 good[well] → better → best
　　 bad[ill] → worse → worst
　　 many[much] → more → most
　　 little → less → least

※1 **子音字**…母音字（＝ a, i, u, e, o）以外の文字のこと。
※2 **短母音**…短く発する母音のこと。
※3 **原級**…形容詞[副詞]の本来の形（辞書に載っている形）。
※4 **不規則変化**…比較級や最上級になるとき、規則的に er や
　　 est は付かず不規則に変化すること（全く違うスペルになる）。

第22講　比較①

189

では、比較級の例文を見てみよう！

例文 1

Her eyes are more beautiful than mine.

▶彼女の目は私の目よりも美しい。

まずは、この文をどうやって作ったのか考えてみよう！

Her eyes are beautiful.　*My eyes* are beautiful.

※斜体は比べているモノ

最初はこんなふうに、目の美しい人が2人いるんだよね。
で、「じゃあ、どっちの目が**より美しい**のか勝負！」となるわけだ。
そして、彼女が勝ったことにして文を書いてみよう。

　①勝った方の文を先に書いて、負けた方をあとに書く！

　　Her eyes are beautiful（　　）*my eyes* are beautiful.

　②前の文を比較級にし、2文をつなぐ接続詞の than を（　　）へ！

　　Her eyes are more beautiful than *my eyes* are beautiful.

　③後ろの文の比べているモノ以外の部分を消して完成！

　　Her eyes are more beautiful than *my eyes* .

1度出た名詞は、2度目は代名詞を使うのが基本なので、
my eyes を代名詞の mine にすると例文1になるんだ。
そして、できあがった文を見るときは、3つのポイントをチェック！

❶何と何［誰と誰］を比べた？　※ふつうは S と than の後ろ

　→ *Her eyes* と *my eyes*［mine］。

❷何について比べた？　※比較級のところ

　→どちらがより beautiful か。

❸結果は？

　→ *Her eyes* are more beautiful. なので *Her eyes* の勝ち！

石田「あの〜…。そもそも比較級ってナニモノなの？」
英子「**形容詞［副詞］**は、もとの形（原級）の他に、**比較級・最上級という形にもなれる**の。そして、何かと何かを比較して「**勝ち**」から書くときは、形容詞［副詞］について比べているわけだから、形容詞［副詞］の形を比較級や最上級に変形させて使うのよ」

この3ポイントをチェックすれば、
「彼女の目はボクの目よりも美しい。」と意味がとれるよね！
さあ、これで「勝ち」から書くパターンはバッチリおさえた！
次は、「引き分け」のパターンをおさえてみよう！

2 「引き分け」のパターン

例文2

Mop runs as fast as Ishida.
▶モップは石田と同じくらい速く走る。

この文も、*Mop* runs fast. *Ishida* runs fast. で、
「じゃあどっちがより速く走るのか勝負！」となったんだろうね。
そしたら引き分けちゃった…。
引き分けたときは、
　①引き分けなので、どちらでも好きな方を先に書く！
　　Mop runs fast（　　）*Ishida* runs fast.
　②前の文の比較した部分（副詞 fast）を as … as ではさむ！
　　Mop runs as fast as *Ishida* runs fast.
　　※前の as は「同じくらい…」という意味の副詞で、後ろの as は接続詞
　③後ろの文の比べているモノ以外の部分を消して完成！
　　Mop runs as fast as *Ishida*.　※ as … as の間には**原級**が入る

できあがった文の3つのポイントをチェックすれば、
　❶ *Mop* と *Ishida* について、
　❷ どちらがより fast かを比べたら、
　❸「同じ」という結果だった、とわかるよね。
だから「モップは石田と同じくらい速く走る。」となるんだね。

than の後ろに置く代名詞

どちらが背が高いか勝負をしたとき、He is taller than I ~~am tall~~. → He is taller than I. となるナリ。でも、口語では He is taller than me. のように I-my-me の3番目（me）を使うこともできるナリよ。

第22講 比較①

3 「負け」から書くパターン

では続いて、例文3を見てみよう！

例文3

This bridge is less long than that one.
= This bridge is not as[so] long as that one.

▶この橋はあの橋ほど長くない。

今度は、「この橋とあの橋でどっちがより長いか勝負」したんだ。
　　This bridge is long.　*That bridge* is long.
「この橋」が負けちゃったことにして、文を書いてみよう！
　①負けた方の文を先に書いて、勝った方をあとに書く！
　　This bridge is long (　　) *that bridge* is long.
　②前の文の形容詞[副詞]に less を付け、than を (　　) へ！
　　This bridge is less long than *that bridge* is long.
　③後ろの文の比べているモノ以外の部分を消して完成！
　　This bridge is less long than *that bridge*.
そして、後ろの *bridge* を代名詞の one にすると例文3になるよね。

できあがった文の3つのポイントをチェックすると、
　❶ *This bridge* と *that bridge* について、
　❷ どちらがより long かを比べたら、
　❸ *This bridge* が負け、という結果になった。
いい？　だから「この橋はあの橋ほど長くない。」となるんだね。
ちなみに、「負け」から書くパターンには、
　　This bridge is not as[so] long as *that one*.
という書き方もできるからね。

---

than や as は比較用の接続詞！

比較の文を作るときは、2つの文をくっつける必要があるのサ。そのとき、間に入って2つの文をくっつける役割をするのが接続詞の than や as なのサ。ちなみに、than や as の後ろの文では、前の文とダブる語は省略するのサ。

あと、例文3は勝った方を先に置いて、次のようにも書けるよ！
　　That bridge **is longer than** *this one*.
さあ、これで、比較の基本3パターンがマスターできたよね！
では、気分がいいので、最後にもう1つ教えちゃおう！

4 比較級の強調

実は、今やった比較級は**強調**することができるんだ。
よくオバさんたちの会話で聞くじゃない!?
「うちのラビちゃんは、おたくの薄汚い…石田さんとおっしゃいましたかしら？　まあ、そのわけのわからない名前をつけられたイヌなんかより**はるかに**速く走れるざますのよ、オ～ホッホッホッホ！」って。
・・・じゃあ、肝心なところだけ英文にしてみよう…。

例文4
Rabi runs much faster than Ishida.
▶ラビは石田よりはるかに速く走る。

さあ、今までの比較級とどこが違うのかわかる!?
そう！　比較級の faster の前に much が付いてるよね！
比較級の前に much を付けると「はるかに」のような意味が出るんだ。
much のように、比較級を強調する語をまとめて覚えてしまおう！

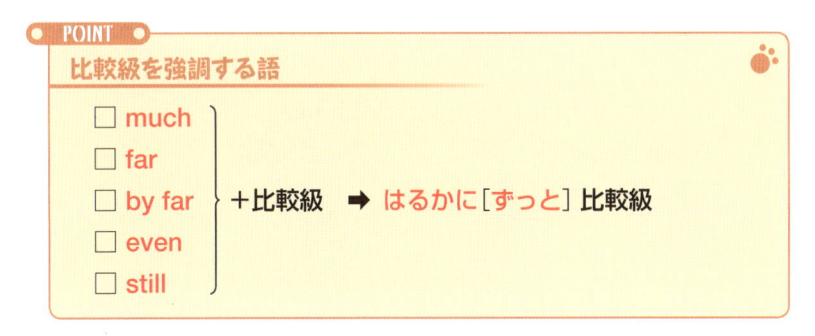

POINT
比較級を強調する語

- □ much
- □ far
- □ by far
- □ even
- □ still

＋比較級 ➡ はるかに［ずっと］比較級

シッカリ覚えた？
では CHECK問題へ Let's go！

第22講　比較①

第22講 CHECK問題

第22講のまとめ

★勝　　ち：比較級 than ..... ／ more 原級 than .....
★引き分け：as 原級 as .....
★負　　け：less 原級 than ..... ＝ not as[so] 原級 as .....

問題 空所に最も適する語句の番号を選びなさい。

☐ 1 My daughter gets up (　　) than I.
　　① early　　② earlyer　　③ more early　　④ earlier

☐ 2 Today is not (　　) as yesterday.
　　① so cold　　② less cold　　③ colder　　④ more cold

☐ 3 This book is (　　) than that one.
　　① difficulter　　　　　　② as more difficult
　　③ more as difficult　　④ much more difficult

☐ 4 This dictionary is (　　) as hers.
　　① thick　　② thicker　　③ as thick　　④ more thick

☐ 5 That computer is (　　) than this one.
　　① more good　　　　② less good
　　③ gooder　　　　　　④ less better

解答・解説

ここがポイント!

★3つのポイントを確認しろ!
❶何と何[誰と誰]を比べた?
❷何について比べた?
❸結果は?

□**1** 正解＝④　（訳：私の娘は私よりも早く起きます。）
★空所の後ろに than があるので、「勝ち」か「負け」パターンになるとわかる（負けの選択肢は無いので勝ちパターン）。early（5字）は「子音字＋y」なので、y を i に変えて er を付けた④が正解。

□**2** 正解＝①　（訳：今日は昨日ほど寒くない。）
★空所の後ろに as があるので、「引き分け」か「負け」パターンになるとわかる。空所の前の not と合わせて負けパターンを作る①が正解。so の代わりに as でもよい。負けパターンは2つの表現方法があるのでシッカリ形を覚えよう。

□**3** 正解＝④　（訳：この本はあの本よりもはるかに難しい。）
★空所の後ろに than があるので、「勝ち」か「負け」パターンになるが、負けの選択肢は無いので勝ちパターン。difficult は9字（6字以上）なので、more difficult になる。その more の前に、比較級の強調 much が付いた④が正解。②と③は、「勝ち（more）」と「引き分け（as）」の両方が入っていて形がおかしいので絶対に×。

□**4** 正解＝③　（訳：この辞書は彼女の辞書と同じくらい厚い。）
★空所の後ろに as があるので、「引き分け」か「負け」パターンになる。よって③が正解。どう？　考え方が頭に定着してきた？

□**5** 正解＝②　（訳：あのコンピューターはこのコンピューターほどよくない。）
★空所の後ろに than があるので、「勝ち」か「負け」パターンになる。「負け」は「less＋原級＋than」になるので、②が正解。「勝ち」ならば good の比較級は better になるので、①も③も×。

第23講 比較 ②
〜最上級＋慣用表現〜

「僕が世界で一番きれいだ…。」と鏡に向かって言うのが日課になっている人！今日からは英語で言えるようになるよ！

今回の主役
最上級と
比較を使った慣用表現

さあ、今回は「最上級（さいじょうきゅう）」の登場！
最上級とは、「勝負で優勝した！」という優勝報告パターンのこと。
今日からはナント、優勝報告もできるということですな！
最上級の作り方は前の講でやったから大丈夫かな！？（☞P.189）
この講ではその**最上級**と**比較**を使った**慣用表現**をWマスターしよう！

1 最上級

最上級とは、「姉が3人姉妹の中で一番背が高い。」とか、
「石田がこの村の犬たちの中で一番速く走る。」のように、
3つ以上のものを比べて、
「〜が一番…だ。」という意味を出すときに使う表現なんだ。

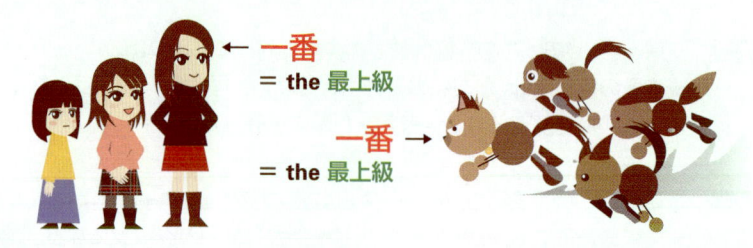

← 一番
= the 最上級

一番 →
= the 最上級

最上級は形が重要なので、形をおさえてから例文を見てもらおうかな。

> **POINT**
> **最上級の形**
> □ the 最上級 in 単数名詞 → 単数名詞の中で一番最上級だ
> □ the 最上級 of 複数名詞 → 複数名詞の中で一番最上級だ
> ※副詞の最上級には the を付けないこともある

単数名詞の前は「in」、複数名詞の前は「of」ってところに注意！
最上級の前には the が付くのも要注意だよ。
形が頭に入ったところで、例文１を見てみよう！

例文１

My son goes to bed the latest in my family.

▶私の息子は家族の中で一番遅く寝ます。

「the latest in my family」の部分が、
「the 最上級 in 単数名詞」の形になっているのに気がついた？
それに気がつけば、「単数名詞の中で一番最上級だ」という意味になるので、「（私の息子は）家族の中で一番遅く（寝ます）」という意味がシッカリとれるよね！
続いて例文２も見てみよう！

例文２

Mark worked the hardest of us all.

▶マークは私たち全員の中で一番熱心に働いた。

この文は、「Mark worked hard.」がもとの文だよね。
「一生懸命に（hard）」という副詞の部分を
「私たち全員の中で一番一生懸命に」とするために、
「the 最上級 of 複数名詞」の形にして、
「the hardest of us all」にしたわけだね。
基本形が頭に入っていれば楽勝でしょ！

第23講 比較②

2 比較を使った慣用表現

比較の基本形はバッチリおさえたので、次は慣用表現の出番ですよ！
サクサクとやっていくけど、マッタリとついてきてね！

☐ **倍数 as 原級 as ~**（~の倍数倍原級だ）《倍数表現》
　※倍数：1/2倍＝ half　　2倍＝ twice　　3倍＝ three times
　　　　　4倍＝ four times　　～倍＝～ times（~には数字が入る）

例　This tower is twice as tall as that one.
　　▶この塔はあの塔の２倍の高さだ。

よく見ると「引き分け（as 原級 as）」の形が使ってあるよね！
だからこれは「２倍の高さだ＝２倍と同じ高さだ」と考えてみよう！
すると、「as 原級 as」の前に「倍数」を入れれば「倍数表現」になると
覚えておけるよね。

☐ **as 原級 as possible**
＝ **as 原級 as S can**（できるだけ原級）

例　Alfred read as many books as possible.
　　▶アルフレッドはできるだけ多くの本を読んだ。

この文は次のようにも書けるんだ。
　　Alfred read as many books as he could.
V が read で過去形（現在形なら reads になっているはず）なので、
can ではなく could を使っているところに注目ね！
さらに、例文では原級のところに「many books（形容詞＋名詞）」
が入っているよね。
名詞なんかが入っちゃってる！
でも、これは間違いじゃなくて、

実は、「as 原級 as possible」「引き分け」「倍数表現」など、
「as 原級 as」の形をしたものは、この原級の位置に、
「形容詞＋名詞」を1つのカタマリとして入れることもできるんだ。

> □ 比較級 and 比較級（だんだん比較級／ますます比較級）

例　It's getting colder and colder.
　　▶だんだん寒くなってきています。

同じ比較級を使って「比較級 and 比較級」の形を作ってあげると、
「だんだん比較級」や「ますます比較級」のような意味になるんだ。

> □ the 比較級 of the two（2つのうちで比較級な方）

例　Tom is the shorter of the two.
　　▶トムは2人のうちで背が低い方です。

これは比較級なのに the が付く珍しい表現なのでシッカリ覚えよう！

> □ The 比較級₁ S V, the 比較級₂ S V.
> 　（比較級₁ すればするほど、ますます比較級₂ する）

例　The older we grow, the weaker our memory becomes.
　　▶年をとればとるほど、ますます記憶力は弱くなる。

これも the が付く比較級を使った頻出表現。
語順に注意して、何度も声に出しながら覚えてしまおう！
あ、一応言っておくけど、何度も声に出すのは例文の方だからね。
「倍数 as 原級 as 〜!!!」とかさけばれても…少し困るっていうか…。
さ、次いこう、次っ！

第23講　比較②

☐ like A better than B
= prefer A to B（B よりも A の方が好きだ）

例　I like pandas better than koalas.
　　▶私はコアラよりパンダの方が好きだ。

pandas の方が **better**（比較級）だということで、
「パンダが勝ち→パンダの方が好き」となるんだ。
また、「**prefer A to B**」という比較級の仲間を使って、
　　I prefer pandas to koalas.
と、同じ意味の文を書くこともできるよ。

☐ like A (the) best in[of] 名詞
　（名詞の中で A が最も好きだ）

例　David likes rugby (the) best of all sports.
　　▶デイビッドはすべてのスポーツの中でラグビーが一番好きだ。

best は最上級なので、「〜の中で（一番）」という場合、
単数名詞の前には「**in**」、複数名詞の前には「**of**」が入るんだよね。
この使い分けをシッカリしていこう！

☐ one of the 最上級 複数名詞
　（最も最上級な複数名詞の１つ）

例　Yuji is one of the most famous actors in Japan.
　　　　　　　　　　　　有名な　　　　俳優
　　▶ユウジは日本で最も有名な俳優の１人です。

最も有名とされている俳優って、１人じゃなくて何人かいるよね。
だから、最上級の後ろが複数名詞になっているんだ。

この形を使うときは複数名詞にするということを忘れないように！

> □ 比較級 than any other 単数名詞
> （他のどんな単数名詞よりも比較級）《最上級と同じ意味》

例 Time is more precious than any other thing.
　　▶時間は他のどんなものよりも大切だ。

これは比較級を使った文だけど、
「他のどんなモノよりも大切だ ＝ 一番大切だ」
というわけで、最上級と同じ意味になるんだ。
other の後ろは単数名詞になるのを忘れないようにね！

> □ No other 単数名詞 is as[so] 原級 as ～
> 　（～ほど原級な単数名詞はない）　《最上級と同じ意味》
> ＝ No other 単数名詞 is 比較級 than ～
> 　（～より比較級な単数名詞はない）《最上級と同じ意味》

例 No other mountain in the world is as high as Mt.Everest.
　　▶世界でエベレスト山ほど高い山はない。

＝ No other mountain in the world is higher than Mt.Everest.
　　▶世界でエベレスト山よりも高い山はない。

この表現も、「エベレスト山が世界で一番高い」という、
最上級と同じ内容になっていることに注目だよね！

比較を使った表現はまだ他にもあるけど、
一気にやっても覚えきれないよね！
まずはこの授業でやったことをシッカリと覚えて、
今後の勉強で少しずつ知識を積み重ねていこう！

第23講 比較②

第23講 CHECK問題

第23講のまとめ

★ the 最上級 ─┬─ in 単数名詞
　　　　　　 └─ of 複数名詞

★比較を使った慣用表現はシッカリ覚えよう！

問題 空所に最も適する語句の番号を選びなさい。

☐ **1** My husband eats the (　　) my family.
　① most slowly in　　　② most slowly of
　③ slowliest in　　　　④ slowliest of

☐ **2** Get up as early as (　　).
　① can　　　　　　　② you possible
　③ can you　　　　　 ④ possible

☐ **3** My grandmother is (　　) my wife.
　① three times as old as　　② as three times old as
　③ old as three times as　　④ three as times old as

☐ **4** The older we grow, (　　) time passes by.
　① fast　　　　　　　② faster
　③ the faster　　　　 ④ the fastest

☐ **5** Which is (　　) of the two?
　① most expensive　　　② more expensive
　③ the most expensive　 ④ the more expensive

解答・解説

ここがポイント！

★「one of the 最上級 複数名詞」
★「比較級 than any other 単数名詞」
※この２つの表現の単数名詞と複数名詞に注意

□**1** 正解＝① My husband eats the (most slowly in) my family.
（訳：私の夫は家族の中で一番食べるのが遅い。）

★空所の後ろが単数名詞なので、「the 最上級 in 単数名詞」になる。また、slowly は６文字以上なので、最上級は most slowly となる。よって①が正解。

□**2** 正解＝④ Get up as early as (possible).
（訳：できるだけ早く起きなさい。）

★「できるだけ原級」は「as 原級 as possible ＝ as 原級 as S can」を使う。よって④が正解。

□**3** 正解＝① My grandmother is (three times as old as) my wife.
（訳：祖母は、妻の３倍の年齢だ。）

★倍数表現は、「倍数 as 原級 as」の形になる。よって①が正解。倍数表現の語順は頻出なので、何度も書いたり音読したりして確実にマスターしよう。

□**4** 正解＝③ The older we grow, (the faster) time passes by.
（訳：年をとればとるほど、ますます時間の経つのが速くなる。）

★ The older という比較級から始まっているのがポイント。the が付く比較表現「The 比較級₁ S V, the 比較級₂ S V」の形を使っているとわかる。よって③が正解。

□**5** 正解＝④ Which is (the more expensive) of the two?
（訳：２つのうちどちらの方がより高価ですか。）

★空所の後ろに of the two があるのがポイント。これも the が付く比較級「the 比較級 of the two」を用いているので④が正解。

第23講 比較②

第24講 仮定法 ①
〜仮定法の基本形〜

「ifがあったら仮定法の文だ」って言う人が多いけど、これは間違いであります、隊長!!

> **今回の主役**
> 助動詞の過去形
> [would/could/might]
> を使った仮定法

仮定法は、「もしブタが空を飛べたら」のように、
現実には絶対にありえない「もしも話」をするときに使う形だよ。
「もし明日晴れたら」みたいな**現実にありえる話には使わない**からね。
仮定法にはいくつかパターンがあるんだけど、
この講では助動詞の過去形を使った仮定法をやっていこう。
なんで仮定法のときに過去形を使うのかというと、
「仮定法は現実の話じゃないので、**現実の時制よりも"1つ昔"の時制を使って現実から遠い感じを出す**」と考えておいてね。▼
日本語でも「もし〜だったら（〜したら）…」のように、
仮定を言うときは過去っぽくなるもんね。

I 現在のもしも話（仮定法過去）

じゃあ、最初は現在のもしも話からいってみよう！
仮定法は**現実の時制よりも1つ昔の時制を使う**んだよね。
だから、現在のもしも話は**過去形**で書けばいいんだ。

補足 ▼仮定法は、前にやった「**時制によって動詞の形を変える**」と同じで、「（助動詞＋）動詞」を仮定法の形（1つ前の時制）に変えて仮定を表す方法だと考えてね。「助動詞＋動詞」を過去形にすると、**助動詞だけが過去形になる**よね。だから助動詞の過去形が仮定法のキーワードになるのよ。

例文 1

If I were a mermaid, I could swim well.

▶もし私が人魚だったら、上手に泳ぐことができるのに。

(現実：私は人魚じゃないので、上手に泳ぐことができない。)

この文は過去の文？　それとも仮定法？
よく見ると、後ろの文に could (can の過去形) が入っているよね。
仮定法の文には「**この文は仮定法だよ**」って教えてくれるキーワードが必ず入っているんだ。
そのキーワードの１つが**助動詞の過去形**なんだよね。
助動詞の過去形が入っているので、
「仮定法かもしれない！」と疑いつつ文の意味を確認してみると…
ありえへん！　ありえへんがな!!!
「もし私が人魚だったら」って現実にはありえない話だから、
これは絶対に仮定法でしょ！
さらに、「**If I were a mermaid**」もちょっと変だよね。
１人称 (I) の be動詞の過去形は was なのに、were が使われている。
実は、**仮定法では、be動詞は was よりも were が好まれる**んだよね。
ちなみに、仮定法は見た目の時制が１つ過去へズレているので、
訳すときは「もし私が人魚だったら、上手に泳ぐことが**できるのに。**」のように、きちんと**現在で訳す**のを忘れないようにね！

POINT

現在のもしも話 (過去形を使うので 仮定法過去 という)

(If S_1 V_{1p}) , S_2 would [could/might] $V_{2原}$.

▶(もしS_1がV_1するならば)、S_2はV_2するだろうに。

※通常は would を使う。「できるのに→ could」「かもしれないのに→ might」。
※ V_{1p} が be動詞のときはふつう were を使う。

Rose「あ、If ..... が副詞のカタマリを作ってましゅ！」
英子「そう。( ) は副詞のカタマリという意味よね。If は接続詞で、**後ろのカンマ (,) まで副詞のカタマリを作るのよ**」
Rose「メインの文は (If .....)のあとの文なんでしゅね。If は２つの文をつなぐただの接続詞だったということでしゅか」

仮定法① 第24講

2 過去のもしも話（仮定法過去完了）

「もし、あのときもっと勉強していたら、100点取れただろうに。」
みたいに、過去のことについて「もしも話」をするときってあるよね。
仮定法は、現実の時制よりも1つ昔の時制を使うので、
過去のもしも話をするときは、
動詞を**大過去形**「**had** + **V**pp」で書けばいいからね。
例文2で確認しよう。

> **例文2**
>
> If I **had known** her address, I **would have written** her.
> ▶もし彼女の住所を知っていたら、彼女に手紙を書いただろうに。
>
> （**現実**：彼女の住所を知らなかったので、彼女に手紙を書かなかった。）

この後ろの文にも would（will の過去形）が入っているよね。
よく見ると、動詞が would have Vpp の形をしている。
これは、もともとは「**had**（大過去形） + **V**pp」の形をしていたんだけど、
前に助動詞が付いたので、**had**（過去形） が **have**（原形） に戻ったわけだね。
訳すときは、
「もし彼女の住所を知っていたら、彼女に手紙を書い**た**だろうに。」
のように、きちんと**過去の訳**をしてあげてね！
では、この大過去形を使った過去のもしも話の形もおさえよう！

> **● POINT**
>
> **過去のもしも話**（大過去形 had + Vpp は過去完了形と同じなので**仮定法過去完了**という）
>
> （**If** S₁ **had** V₁pp）, S₂ **would**［could/might］**have** V₂pp .
> ▶（もしS₁がV₁していた**ならば**）、S₂はV₂してい**た**だろうに。
> ※ V₁pp が be動詞のときは been を使う。

> **注意　仮定法では現在形は使わない！**
>
> 仮定法は、現実の時制より1つ昔の時制を使うから、「現在形」は使わないのよね。あくまでも「現在＝ Vp」「過去＝ had Vpp」という形になるから、現在や過去の**仮定法で現在形を使うことはない**のよ。

3 未来のもしも話（未来の仮定法）

未来のもしも話は、未来に実現する可能性が超低い「万が一」の話をするときに使うよ。
今回は最初に形を見てもらおう。

> **POINT**
>
> **未来のもしも話**
>
> ① (If S₁ were to V₁原), ─→ S₂ would [could/might] V₂原.
>
> ② (If S₁ should V₁原), ─→ S₂ will [can/may] V₂原.
>
> ▶ (万が一S₁がV₁すれば)、S₂はV₂するだろう。

このように、未来のもしも話には2通りの書き方があるんだ。
①のパターンでは、後半の文には would [could/might]（助動詞の過去形）を使うのが基本だよ。
②のパターンでは、前半の文に should（shall という助動詞の過去形）が入っているので、後半の文は would [could/might] を使ってもいいし、will [can/may] を使ってもいいからね。▼
また、②の場合はそれ以外に**命令文**を使うこともできるからね。
では、①のパターンを使った例文を見てみよう！

例文3

If the sun were to disappear, all living things would die.
▶ 万が一太陽が消えたら、すべての生物は死んでしまうだろう。

were to V原 は、未来の仮定法のキーワードだから忘れないでね！
続いて、②のパターンを使った例文を見てみよう！

▼ **もしも話＝助動詞の過去形を1つ使う**
もしも話（もし..... ならば、..... だろうに。）では、とにかく助動詞の過去形を1つ使う！と考えると簡単だヒョ。②の文では、(If .....) の中ですでに should という助動詞の過去形を使ってるから、メインの文で will などが使えるんだヒョ。

仮定法① 第24講

207

> 例文4
>
> If it **should** snow, we **would [will]** be at home.
>
> ▶万が一雪が降ったら、私たちは家にいるだろう。

後半の文には、次の文のように**命令文**を使うこともできるよ。

　　If Jim **should** call me, tell him to come here.

　　▶万が一ジムが電話してきたら、ここに来るように伝えてください。

4 混合仮定法

次は、「昨日ちゃんと寝ていたら、今眠くないのに。」のように、
「過去に〜していたら、今〜だ」という、入試頻出の**過去のもしも話**と**現在のもしも話**の mix バージョンをやってみよう！

> 例文5
>
> If Mop **hadn't** saved me, **I wouldn't** be **alive** now.
>
> ▶もしモップが救ってくれなかったら、私は今生きていないだろう。

前半の文は **had** + **V**pp だから**過去のもしも話**。
後半の文は **would** + **V**原 なので**現在のもしも話**だとわかるよね。
ご丁寧に **now** まで付いてるし。
混合仮定法は、こんなふうに、(**If S V**) のカタマリが過去のもしも話で、残りの文が現在のもしも話になるんだ。▼

● POINT

混合仮定法

(**If** S₁ **had** V₁pp) , S₂ **would** [**could/might**] V₂原 ..... **now**.

▶(もしS₁がV₁していたならば)、今ごろS₂はV₂するだろう。

▼「もし…ならば(現在)、…だったろうに(過去)」の形は無い！

混合仮定法では「もし…ならば(**現在**)、…だったろうに(**過去**)」という逆の形はまずありえないの。例えば「もし**今**彼が私を救ってくれたら、**昔**私は生きていたのに。」みたいな話、意味わかんないでしょ？　**今何をしようが過去は変わらない**のよね。

5 仮定法を使った慣用表現

じゃあ、最後は仮定法を使った慣用表現でしめくくろう！

● POINT ●

「もし～がないならば」表現《現在のもしも話》

　（If it were not for ～）, S would［could/might］V原.
= （Were it not for ～）
= （But for ～）
= （Without ～）

「もし～がなかったならば」表現《過去のもしも話》

　（If it had not been for ～）, S would［could/might］have V_{pp}.
= （Had it not been for ～）
= （But for ～）
= （Without ～）

現在無い場合は**過去形**で、**過去**に無かった場合は**過去完了形**だね。
両方とも But for ～や Without ～で書きかえられるのがポイント！

　（If it were not for water）, this forest would become a desert.
= （Were it not for water）
= （But for water）
= （Without water）

　▶もし水がなかったら、この森は砂漠になってしまうだろう。

これらの慣用表現は、実際に何度も書きかえをして覚えようね！
じゃ、CHECK問題にいってみよう！

■ 読解中に仮定法を見抜くコツ

以下の★印の点に気づいたら、仮定法だと疑うナリ！
★助動詞の過去形がある。
★現実的にありえない話である。
★ふつうは was なのに were が使われている。

第24講 仮定法①

CHECK問題

第24講のまとめ

★現在　：If S₁ V₁ₚ, S₂ would［could/might］V₂原.
★過去　：If S₁ had V₁pp, S₂ would［could/might］have V₂pp.
★未来①：If S₁ were to V₁原, S₂ would［could/might］V₂原.
★未来②：If S₁ should V₁原, S₂ will［can/may］V₂原.

問題 空所に最も適する語句の番号を選びなさい。

1 If Annie were not busy, she (　　) to the party.
① will come　　　　　　② came
③ would come　　　　　④ would have come

2 If Billy (　　) fail, he will try again.
① should　　② should to　　③ were　　④ were to

3 (　　) him, we would not have won.
① If it were not for　　② Were it not for
③ Without for　　　　　④ But for

4 If I had done my homework, I (　　) free now.
① am　　　　　　② would have been
③ would be　　　 ④ were

5 If I (　　) rich, I could have bought the car.
① were　　② had been　　③ am　　④ have been

解答・解説

ここがポイント!

★仮定法は時制が1つ前にズレる!
★現在のもしも話→過去形（V_p）を使う!
★過去のもしも話→大過去形（had V_{pp}）を使う!
★未来のもしも話→ were to［should］$V_原$ を使う!

□**1** 正解＝③　(訳：もしアニーが忙しくなければ、パーティーに来るのに。)
★ If S V のカタマリの中で、Annie **was** ではなく、Annie **were** となっているので仮定法だとわかる（☞P.205）。また、were という**過去形**を使っているので、**現在**のもしも話とわかる。よって③が正解。

□**2** 正解＝①　(訳：万が一ビリーが失敗しても、彼はまた挑戦するだろう。)
★ will がふつうの未来を表しているなら、選択肢の時制が合わない（選択肢は過去形しかない）ので、仮定法の文だとわかる。**仮定法は助動詞の過去形を使う**ので①が正解。もし will が過去形の would だったら、①でも④でも正解となる（☞P.207）。

□**3** 正解＝④　(訳：もし彼がいなかったら、私たちは勝てなかっただろう。)
★ would have V_{pp} と選択肢の関係から、**過去**の「もしも～がなかったならば」表現だとわかる。したがって④を使う。①と②は**現在**の「もしも～がないならば」表現なので×。③は for が不要。

□**4** 正解＝③　(訳：もし宿題を終わらせていたならば、今自由なのに。)
★ If S V の部分は、過去のもしも話になっているが、後半は now が付いているので、**現在**のもしも話になっていることに注意。したがって、③が正解。④を選んだ人は、**仮定法には助動詞の過去形が必要**ということを忘れないようにね。

□**5** 正解＝②　(訳：もし金持ちだったなら、その車を買うことができたのに。)
★「could have V_{pp}」が「If S V」とセットで使われているので、**過去**のもしも話だとわかる。よって②が正解。全部正解した？　仮定法に限らずだけど、CHECK問題は全問正解するまで何度も復習しよう!

第25講 仮定法 ②
~ I wish / as if / It is time ~

今回は、助動詞の過去形以外で
仮定法の文を作ってみよう！
いよいよ最後だ！気合い入れていくぞ！

今回の主役
① I wish　② as if　③ It is time

仮定法の文には、「この文は仮定法だよ」って教えてくれる
助動詞の過去形のようなキーワードが必ず入っているんだったよね。
例　would ／ could ／ might ／ should　→仮定法か!?
助動詞の過去形以外の仮定法のキーワードには、
「I wish」「as if」「It is time」などがあるんだ。
これらがあったら、その文は仮定法の文だと考えよう！
例　I wish ….. ／ as if ….. ／ It is time …..　→きっと仮定法だ!!

1 I wish＋仮定法

では、助動詞の過去形に次ぐ第2のキーワード「I wish」からいこう！
wish は、「ローズが私の恋人であればなあ。」のように、
「(現実に反する願望をお星様に) **お願いする**」
みたいな意味の単語なんだ。
ということは、**その後ろに続く文は、現実ではない話になる**よね!?
だから時制を1つ過去へズラして、仮定法が作れるんだ。▼

> **補講**　▼「仮定」を表す文は、時制を1つ過去にズラす！
> ここでも、今現在の仮定の話をするときは動詞を過去形にし、過去の仮定の話をするときは動詞を大過去形（過去完了形）にするの。助動詞がある場合は、助動詞の時制をズラす。とにかく**仮定法を使うときは、時制を1つ過去にズラす**のよね。

> **POINT**
>
> **I wish ＋仮定法**
>
> ① **現在**の願望　：I wish S V_p.　　▶SがVすればなあ。
> ② **過去**への願望：I wish S had V_pp.　▶SがVしていたらなあ。
>
> ※現在や過去の事実に反した願望を述べるときに使う。
> ※I wish と S V の間には接続詞の that があるが、省略される。▼

例文1を見てみよう！

例文1
I wish I were young.
▶若かったらなあ。

仮定法なので、**was** ではなく **were** を使っているよね。
そして、**were**（過去形）なので、**現在**の願望だとわかる。
現実は「若くない」んだろうね…。
続いて、例文2を見てみよう！

例文2
I wish Bean had been there then.
▶ビーンがそのときそこにいてくれたらなあ。

had been（had V_pp）なので、**過去への願望**だね。
実際は「ビーンはそのときそこにいなかった。」というわけだよね。
では、第3のキーワード、いってみようか！

2　as if ＋仮定法

第3のキーワードは「**as if S V**」だよ！
as if S V は「まるでSがVするかのように」という慣用表現。

> ▼ **I wish は第3文型を作る!?**
>
> 「I wish that S V_p ……」の that は、**名詞のカタマリ**を作る接続詞なんだヒョ（☞P.155）。つまり、[(that) S V_p ……]（that は省略される）は wish の**目的語**になるから、「I wish [S V_p ……] .」は結局、**第3文型 S V O** の文なんだヒョ。

仮定法② 第 **25** 講

213

例えば、「彼は**まるで**カメのように遅い。」と言ったとき、
彼は実際にカメなの？
違うよね！ 現実はカメではない。
「まるで」が付くと、その後ろの文は現実ではない話が置けるよね。
だから、**as if** の後ろにも仮定法を作ることができるんだね。

> **POINT**
>
> **as if ＋仮定法**
>
> ①現在の「まるで」：$S_1 V_1$（as if $S_2 V_{2p}$）．
> ▶ S_1は（まるでS_2がV_2するかのように）V_1する。
> ②過去の「まるで」：$S_1 V_1$（as if S_2 had V_{2pp}）．
> ▶ S_1は（まるでS_2がV_2したかのように）V_1する。
>
> ※ as if の作るカタマリの中だけ仮定法になることに注目！

では、例文３を見てみよう！

例文３

Bill looks as if he were ill.
▶ ビルはまるで（**現在**）病気のように見える。

She speaks as if she had seen everything.
▶ 彼女はまるで（**過去**）すべてを見ていたかのように話す。

上の文は、仮定法なので、**was** の代わりに **were** を使っているね。
そして、**were**（**過去形**）なので、**現在**の「まるで」話だとわかるよね。
下の文は、動詞が **had seen**（**had** ＋ V_{pp}）という大過去形なので、
過去の「まるで」話だよね。
このように、**as if** のカタマリの中の文が**仮定法になる**わけだね。
as if の前の「**Bill looks**」や「**She speaks**」は、
「**現実の話**」なのでふつうに現在形を使っているんだね。
仮定法は、現実に反することを言うとき、
動詞の時制を一つ過去にズラして、
「これは仮定法ですよ」と合図するんだよね。

3 It is time ＋仮定法

この講の、いや、この本の最後の文法事項は、
仮定法の第4のキーワード、「It is time」です !!!
まずは形から見てみよう！

> **POINT**
>
> **It is time ＋仮定法**
>
> **It is time S V$_p$.** ▶SはVしてもいい頃だ。
> ※ time と S V の間には接続詞の that があるが、省略される。

It is time S V は、「SはVしてもいい頃だ」という意味。
ということは、現実は**まだSはVしていない**ということになるよね。
事実に反するので、やはり **It is time** の後ろでも仮定法が使える！
ただ、今までとは違って、
had V$_{pp}$（仮定法過去完了＝過去の仮定）を使った形はないんだ。
今、目の前の出来事を見て、
「まだしていないけど、そろそろしてもいい頃だ。」
と言うときの表現なので、**過去の表現は無い**んだよね。
では、最後の例文を見てみよう！

> **例文4**
>
> It is time you went to bed.
> ▶そろそろ寝る時間だよ。

went は過去形なので、**現在における仮定**の話だよね。
もう寝ていてもいい頃なのに、寝てないという現実があるんだろうね。
寝てない現実を、寝ると仮定して話すから仮定法を使うんだ。

さあ、これでボクの講義は全部オシマイ！
最後までよく頑張ったね！
では、最後の CHECK 問題にtryしよう！

第25講 CHECK問題

第25講のまとめ

- ★現在の願望　　：I wish S V$_p$.
- ★過去への願望　：I wish S had V$_{pp}$.
- ★現在の「まるで」：S$_1$ V$_1$ as if S$_2$ V$_{2p}$.
- ★過去の「まるで」：S$_1$ V$_1$ as if S$_2$ had V$_{2pp}$.
- ★〜してもいい頃：It is time S V$_p$.

問題　空所に最も適する語句の番号を選びなさい。

☐ 1　It is time we (　　) home.
　① will go　　② go　　③ had gone　　④ went

☐ 2　I wish I (　　) harder when young.
　① study
　② had studied
　③ studied
　④ would studied

☐ 3　My daughter looked as if she (　　) a monster.
　① had seen　　② seen　　③ saw　　④ have seen

☐ 4　彼がここにいてくれたらなあ。
　I wish he (　　) here.
　① had been
　② would have been
　③ were
　④ been

☐ 5　私はまるで無人島にいるかのような感じがします。
　I feel as if I (　　) on a desert island.
　① had been
　② am
　③ would have been
　④ were

解答・解説

ここがポイント！

★仮定法は**時制が1つ過去**にズレる！
★**現在**のもしも話→**過去形**（V_p）を使う
★**過去**のもしも話→**大過去形**（had V_{pp}）を使う

---

1 正解＝④　It is time we (went) home.
　　　　（訳：そろそろ家へ帰る頃だ。）
★「It is time S V_p.」の形をとるので、④が正解！

2 正解＝②　I wish I (had studied) harder when young.
　　　　（訳：若いときもっと一生懸命勉強していたらなあ。）
★ I wish の後ろで、「勉強していたらなあ」といった願望を表すので仮定法の文。when young（若いとき）があるので、過去の話だとわかる。過去の話は「had ＋ V_{pp}」なので、②が正解。

3 正解＝①　My daughter looked as if she (had seen) a monster.
　　　　（訳：娘はまるで怪物を見たかのような顔つきだった。）
★ looked で過去の文だとわかる。また、as if の後ろが、「怪物を見た」という現実ではない話をしているので仮定法となる。「（現実ではないが、）娘が怪物を見た」のは、娘の顔を見たときよりも過去の出来事なので、過去完了形（大過去形）の①が正解となる。

4 正解＝③　I wish he (were) here.
★現在の願望なので、過去形を使った③が正解。

5 正解＝④　I feel as if I (were) on a desert island.
★「まるで無人島にいるかのよう」なのは現在の話だけど、現実ではないので過去形を使う。したがって④が正解。

仮定法② 第25講

第3章の総まとめ

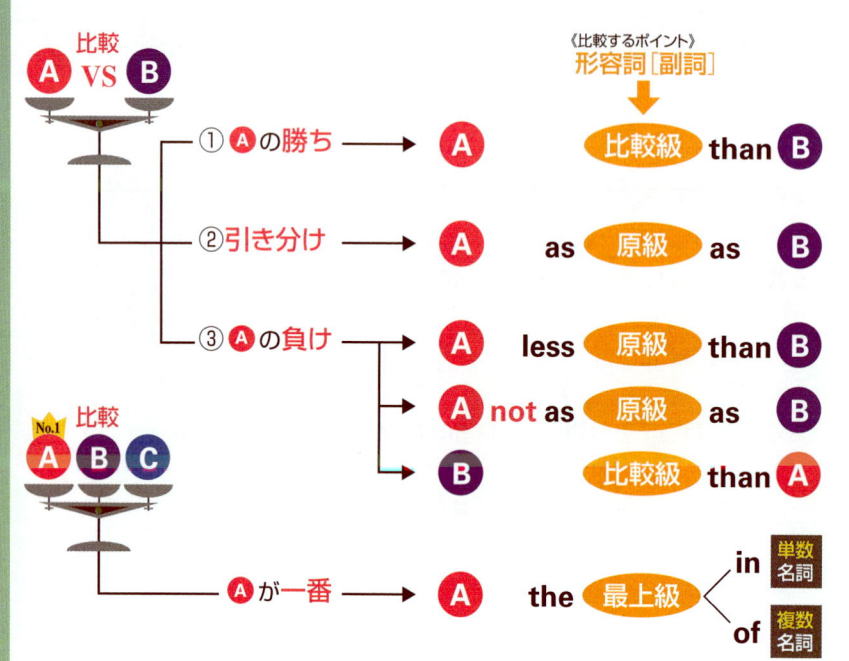

比較 A VS B

《比較するポイント》
形容詞[副詞]

① Aの勝ち → A 比較級 than B

② 引き分け → A as 原級 as B

③ Aの負け → A less 原級 than B
　　　　　　 A not as 原級 as B
　　　　　　 B 比較級 than A

比較 No.1 A B C

Aが一番 → A the 最上級 < in 単数名詞 / of 複数名詞

●仮定法の「（助動詞＋）動詞」の形

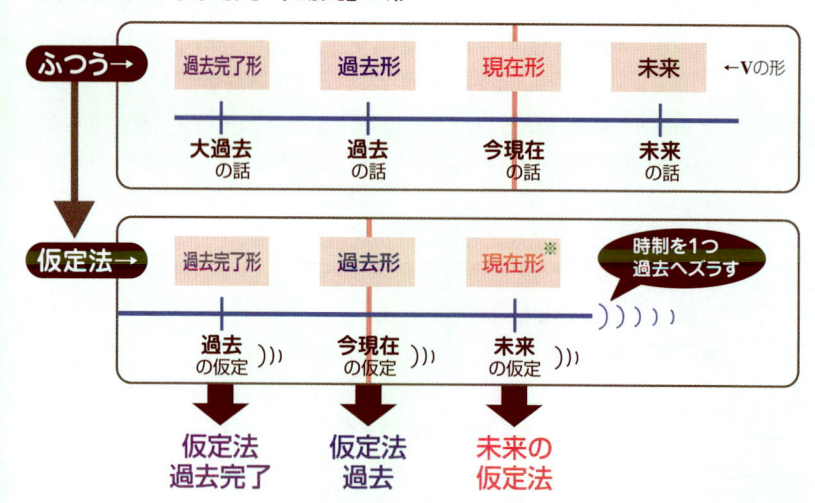

ふつう→

過去完了形	過去形	現在形	未来	←Vの形
大過去の話	過去の話	今現在の話	未来の話	

仮定法→

過去完了形	過去形	現在形※	
過去の仮定	今現在の仮定	未来の仮定	時制を1つ過去へズラす

↓　　　　↓　　　　↓
仮定法過去完了　仮定法過去　未来の仮定法

※未来の仮定法ではふつう**過去形**（would など）を使うが、**should**《助動詞の過去形》がすでに文中にあれば**現在形**（will など）も使用可（☞P.207）。

218

Postscript
あとがき
大岩先生からの贈る言葉

　今回の授業はこれでおしまいだけど、「お疲れ様」とは言わないよ！「はじめに」でも言ったけど、基礎は99%じゃダメだから、今後もこの本を何回も読み、100%頭に入れてほしいんだよね。

　よく、「勉強してるのに、英語ができない」という相談を受けるけど、そのほとんどの人が基礎固めをしていない。それでは授業が理解できないし、できるようにならないのは当然だよね。

　あと、難関大学を目指す人の中に、「応用力が全くない人」も多いんだけど、難しい勉強に気をとられ、基礎をおろそかにしているのが原因であることも少なくないんだよね。

　基礎が100%になったとき、「どんな問題にも向かっていける強靭な英語力」が身につく！　だから、**この本で最後まで頑張ったみんなには、間違いなく「強靭な英語力」が芽生え始めている**んだよ。つまり、最高のコンディションで英語学習のスタートラインに立つことができたと思ってほしい。ただし油断は禁物。「合格」という大きな目標を目指して、ここからが本当の勝負だからね！

　最後になりましたが、この場をお借りして、出版に際して多大なご尽力を賜りました安河内哲也先生、ならびに東進ブックスの皆様に、心から感謝の辞を述べたいと思います。本当にありがとうございました。

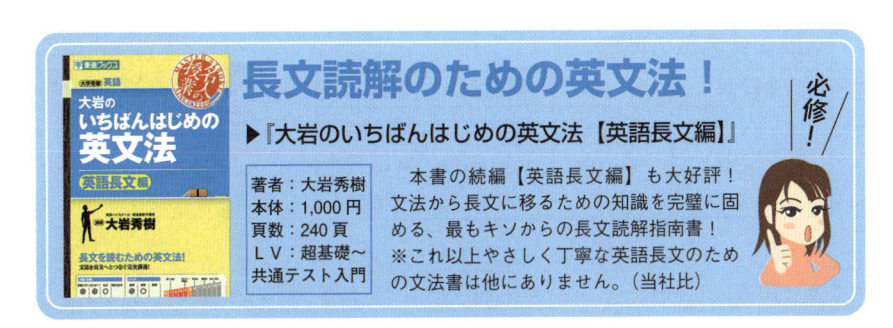

長文読解のための英文法！
▶『大岩のいちばんはじめの英文法【英語長文編】』

著者：大岩秀樹
本体：1,000円
頁数：240頁
LV：超基礎〜共通テスト入門

本書の続編【英語長文編】も大好評！文法から長文に移るための知識を完璧に固める、最もキソからの長文読解指南書！
※これ以上やさしく丁寧な英語長文のための文法書は他にありません。（当社比）

必修！

巻末資料

-s や -ed の付け方、Ving の作り方などは、中学生のときに一通り習ったよね？
とっても基本的なことだけど、ちゃんと覚えてる？
･･･はい、バッチリ忘れてる人もいるよね！（笑）
というわけで、この巻末資料では、
今さら人には聞けない（でも大切な）超基礎項目を
こっそり紹介するから、シッカリ覚えちゃおう！

> 解説動画

資料1 代名詞の種類

<table>
<tr><th colspan="2"></th><th colspan="3">人称代名詞</th><th>所有代名詞
（～のもの）</th><th>再帰代名詞
（～自身）</th></tr>
<tr><th colspan="2"></th><th>主格
（～は[が]）</th><th>所有格
（～の）</th><th>目的格
（～に[を]）</th><th></th><th></th></tr>
<tr><td rowspan="5">単数</td><td>私</td><td>I</td><td>my</td><td>me</td><td>mine</td><td>myself</td></tr>
<tr><td>あなた</td><td>you</td><td>your</td><td>you</td><td>yours</td><td>yourself</td></tr>
<tr><td>彼</td><td>he</td><td>his</td><td>him</td><td>his</td><td>himself</td></tr>
<tr><td>彼女</td><td>she</td><td>her</td><td>her</td><td>hers</td><td>herself</td></tr>
<tr><td>それ</td><td>it</td><td>its</td><td>it</td><td>なし</td><td>itself</td></tr>
<tr><td rowspan="3">複数</td><td>私たち</td><td>we</td><td>our</td><td>us</td><td>ours</td><td>ourselves</td></tr>
<tr><td>あなたたち</td><td>you</td><td>your</td><td>you</td><td>yours</td><td>yourselves</td></tr>
<tr><td>彼ら[彼女ら]
それら</td><td>they</td><td>their</td><td>them</td><td>theirs</td><td>themselves</td></tr>
</table>

関係代名詞の種類

先行詞	主格	所有格	目的格
人	who	whose	who(m)
人以外	which	whose	which
人・人以外	that	なし	that

関係代名詞の格は上の代名詞の格に対応しているから、シッカリ関連させて覚えまヒョ！

資料2　a[an]の付け方

a[an]は数えられる名詞の単数に付いて、「1つの～／ある～」という意味を付ける（ただし日本語には訳さないことが多い）。

❶ふつうの名詞（のカタマリ）➡ 前にaを付ける
（例）　a banana（バナナ）　a bed（ベッド）　a big apple（大きなリンゴ）

a ➡ 名詞

❷母音ではじまる名詞（のカタマリ）➡ 前にanを付ける
（例）　an ear（耳）[iər]イアー　an orange（オレンジ）[ɔ́:rəndʒ]オーレンジ　an old man（年配者）[óuld]オウルド
　　　　　　　　　　　　　└─母音（※）

an ➡ 母音 名詞

資料3　複数形の作り方

❶ふつうの名詞 ➡ s を付ける
（例）　dogs（犬）　books（本）　rabbits（ウサギ）

「ソックス周知」と覚えよう！
→ソックス（の臭さ?）は周知の事実であるという意味…。
※3単現の s も同じだよ！

❷語尾が s / o / x / sh / ch ➡ es を付ける
（例）　buses（バス）　tomatoes（トマト）　boxes（箱）　dishes（皿）　churches（教会）
　　※例外：pianos（ピアノ）　radios（ラジオ）（←語尾が o なのに s を付ける）

❸語尾が「子音字＋y」➡ y を i に変えて es を付ける
（例）　baby → babies（赤ん坊）　copy → copies（コピー）　enemy → enemies（敵）
　　　　└─子音字（※）

❹語尾が f/fe ➡ f/fe を v に変えて es を付ける
（例）　knife → knives（ナイフ）　leaf → leaves（葉）　wolf → wolves（オオカミ）
　　※例外：roofs（屋根）　gulfs（湾）（←語尾が f なのに s を付ける）

❺単数と複数が同じ名詞 ➡ 形は変わらない
（例）　deer（鹿）　fish（魚）　sheep（羊）　Japanese（日本人）　salmon（サケ）

❻不規則変化（スペルが変化する）
（例）　man → men（人間）　woman → women（女性）　mouse → mice（ネズミ）
　　　　foot → feet（足）　tooth → teeth　goose → geese（ガチョウ）
　　　　ox → oxen（雄牛）　child → children（子供）　basis → bases（基礎）

※母音（ぼいん）…「ア・イ・ウ・エ・オ」と発音する音（æ/ɑ/ʌ/ə/i/u/e/ɔ/ou など）。
※子音字（しいんじ）…母音字（＝a i u e o）以外の21個のアルファベット文字（b c d f g h j k … など）

221

資料4 副詞の入る位置

❶【頻度・程度】を表す副詞 ➡ be動詞・助動詞の後ろ／一般動詞の前

(例) Jim is usually busy.
　　▶ジムはたいてい忙しい。

　　Jim must always come on time.
　　▶ジムはいつも時間通りに来なければならない。

【頻度】often / sometimes / seldom / never
【程度】almost / nearly / hardly / scarcely

❷【場所・時】を表す副詞 ➡ ふつうは文末（ただし文頭に置くこともある）

(例) I played with George in the park.
　　▶私は公園でジョージと遊んだ。

　　I met Lucy yesterday.［Yesterday I met Lucy.］
　　▶私は昨日ルーシーに会った。

※場所・時の両方がある場合 →「場所＋時」の順番

(例) I lived here ten years ago.
　　▶私は10年前ここに住んでいた。

「時」は最後に言うんでしゅね

❸その他の副詞 ➡ 修飾する語（名詞以外の語）の直前

(例) I have a very big dog.
　　▶私はとても大きな犬を飼っている。

※動詞を修飾する場合 → 動詞（＋目的語［補語］）の直後

(例) She speaks slowly.
　　▶彼女はゆっくりと話す。　※目的語や補語がある場合はその後ろに副詞を置く

資料5 be動詞の活用

※原形・過去分詞形はすべて共通

主語＼形	原形	現在形	過去形	過去分詞形
I	be	am	was	been
3人称※・単数	be	is	was	been
you・複数	be	are	were	been

※3人称（さんにんしょう）… I / you / we 以外のすべての名詞・代名詞（例：he/she/it/Jim/dog）

資料6　3単現のsの付け方

主語が3人称・単数で、**現在の話（3単現）**の場合は、一般動詞の語尾に s を付けなければならない。

❶ ふつうの一般動詞 ➡ s を付ける
（例）open**s**（開く）　play**s**（遊ぶ）　run**s**（走る）　　⚠ 例外：have→has（持っている）

❷ 語尾が s / o / x / sh / ch ➡ es を付ける（名詞の複数形の -es と同じ）
（例）pass**es**（通過する）　do**es**（〜する）　mix**es**（混ぜる）　wish**es**（お願いする）　watch**es**（見る）

> 語尾の y は i に化ける可能性があるナリ

❸ 語尾が「子音字＋y」 ➡ y を i に変えて es を付ける
（例）hurry → hurr**ies**（急ぐ）　study → stud**ies**（勉強する）　try → tr**ies**（試みる）

> 名詞や動詞の語尾に -es や -ed が付く場合、この「**子音字＋y**」の y は **i** に変わる。
> （複数形・3単現のs・過去形［過去分詞形］の作り方で共通）

資料7　Ving の作り方

> **Ving** は、
> ・進行形
> ・動名詞
> ・現在分詞
> で使うよ！

❶ ふつうの動詞 ➡ 原形にそのまま ing を付ける
（例）be**ing**（〜である(こと)）　look**ing**（見る(こと)）　study**ing**（勉強する(こと)）

❷ 語尾が e ➡ e を消して ing を付ける
（例）make → mak**ing**（作る）　move → mov**ing**（動く）　write → writ**ing**（書く）

❸ 語尾が「短母音＋子音字」 ➡ 子音字を重ねて ing を付ける
（例）begin → begin**ning**（始める）　cut → cut**ting**（切る）　put → put**ting**（置く）
　　　[bigín] ビギン　　　　　　　　 [kʌ́t] カット　　　　　　　 [pút] プット
　　　└─ 短母音(※)

❹ 語尾が ie ➡ ie を y に変えて ing を付ける
（例）die → d**ying**（死ぬ）　lie → l**ying**（横たわる）　tie → t**ying**（結ぶ）

※**短母音**（たんぼいん）…短く発音する母音（ア・イ・ウ・エ・オ：æ/ɑ/ʌ/i/u/e/ɔ）のこと
【参考】**子音**（しいん）…母音**以外**の音（l/r/θ/ð/s/z/ʃ/ʒ/f/v/p/b/h/t/d/tʃ/dʒ/k/g/j/w/m/n/ŋ など）

INDEX 索引

大岩のいちばんはじめの英文法

本書に収録された小見出しや文法項目名を五十音順に掲載しています。なお、アルファベットの項目は「カタカナ読み」した場合の位置に入れてあります（例 had →ハドゥ→「は」の列に収録）。

あ

a/an/the	42, 132
I wish S had V$_{pp}$.	213
I wish S V$_p$.	213
I wish ＋ 仮定法	212
as … as	191
as if ＋ 仮定法	213
as S V	145
as 原級 as ……	191
as 原級 as S can	198
as 原級 as possible	198
admit Ving	124
avoid Ving	125

い

even ＋ 比較級	193
yet	58, 59
is [am/are] ＋ Ving	50
It is time S V$_p$.	215
It is time ＋ 仮定法	215
It is no use Ving	127
It is … (for 〜) to V$_原$	103
it の特別用法	148
一般動詞	24
一般動詞の疑問文	31
一般動詞の否定文	30
… enough to V$_原$	117
If it had not been for 〜	209
If it were not for 〜	209
If S$_1$ should V$_{1原}$, S$_2$ will [can/may] V$_{2原}$.	207

If S$_1$ had V$_{1pp}$, S$_2$ would [could/might] have V$_{2pp}$.	206
If S$_1$ V$_{1p}$, S$_2$ would [could/might] V$_{2原}$.	205
If S$_1$ had V$_{1pp}$, S$_2$ would [could/might] V$_{2原}$ …… now.	208
If S$_1$ were to V$_{1原}$, S$_2$ would [could/might] V$_{2原}$.	207
if S V	144, 155
意味上の主語	104, 126
in order to V$_原$	115

う

Without 〜, S would [could/might] have V$_{pp}$.	209
Without 〜, S would [could/might] V$_原$.	209
Will ＋ S ＋ have ＋ V$_{pp}$ ……?	61
will have ＋ V$_{pp}$	54
will be ＋ Ving	50
will ＋ V$_原$	49
Will you V$_原$ ……?	69
whether S V or not	155
weather permitting	154
when S V	144
Would you V$_原$ ……?	69
would V$_原$	73
would like to V$_原$	69
would rather not V$_原$	74
would rather V$_{1原}$ (than V$_{2原}$)	74

え

A is to B what C is to D	171
S$_1$ V$_1$ as if S$_2$ V$_{2p}$.	214
S$_1$ V$_1$ as if S$_2$ had V$_{2pp}$.	214
S is not ……	30
S ＋ will not ＋ have ＋ V$_{pp}$.	61
S ＋ will ＋ have ＋ V$_{pp}$.	61
escape Ving	124
S ＋ 使役 [知覚] 動詞 ＋ 名詞 ＋ V$_原$	121

S ＋ 助動詞 ＋ not ＋ V$_原$	65
S ＋ 助動詞 ＋ V$_原$	65
S do not V$_原$	30
S ＋ had not [hadn't] ＋ V$_{pp}$.	60
S ＋ had ＋ V$_{pp}$.	60
S V ＋ 疑問詞 ＋ ふつうの文の順番.	92
enjoy Ving	124

お

ought to V$_原$	73
ought not to V$_原$	73
all things considered	154
on [Ving]	127
…… only to V$_原$	116

か

過去完了	60
過去完了の意味	60
過去形	48
過去形・過去分詞形の作り方	224
過去分詞	130
数えられない名詞	15
数えられる名詞	15
cut down 〜	83
仮定法過去	204
仮定法過去完了	206
関係代名詞〈主格〉	159
関係代名詞〈所有格〉	161
関係代名詞の what	169
関係代名詞〈目的格〉	162
関係副詞の where・when・why・how	175
冠詞	42
間接疑問文	92
感嘆文	97

き

keep (on) Ving	141
give up Ving	124

疑問形容詞……………………… 89
疑問詞＋疑問文の形 …..? …. 87
疑問代名詞……………………… 86
疑問副詞………………………… 90
疑問文と肯定文と否定文 …… 32
can ……………………………… 66
cannot have V_pp ……………… 75

く
Could you V原 …..? …………… 69
could …………………………… 66
grow up to be 〜 …………… 116
群動詞…………………………… 82

け
形容詞…………………………… 17
原形不定詞…………………… 118
現在完了………………………… 55
現在完了の疑問文……………… 58
現在完了の否定文……………… 57
現在完了の３つの意味 ……… 55
現在形…………………………… 46
現在分詞……………………… 130

こ
call at 場所 …………………… 83
call on 人 ……………………… 83
混合仮定法 …………………… 208
considering 〜 ……………… 154

さ
最上級………………………… 196
the 最上級 in 単数名詞 …… 197
the 最上級 of 複数名詞 …… 197
that S V ……………………… 155
The 比較級₁ S V , 比較級₂ S V .
……………………………… 199
the 比較級 of the two ……… 199
than …………………………… 190
３単現の s …………………… 25

し
seem to V原 …………………… 111
see 〜 V原 …………………… 119
generally speaking ………… 154
自動詞…………………………… 36
judging from 〜 …………… 154
Shall I V原 …..? ……………… 69
Shall we V原 …..? …………… 69
should ………………………… 68
should have V_pp ……………… 75
受動態…………………………… 78
助動詞＋S＋V原 …..? ………… 65
助動詞の書きかえ……………… 68
助動詞の肯定文・否定文・疑問
文 ……………………………… 65
進行形…………………………… 50
進行形にはしない動詞 ……… 51

す
since 〜 ……………………… 56
still＋比較級 ………………… 193
stop to V原 …………………… 126
stop Ving …………………… 126
strictly speaking …………… 154
speak to 人 …………………… 83
spend 時間 (in) Ving ……… 141
three times ………………… 198

せ
There is no Ving …………… 127
There is 名詞＋場所 . ……… 23
接続詞………………………… 154
前置詞…………………………… 43
前置詞＋関係代名詞………… 166
前置詞 ….. 名詞 ……………… 43

そ
so as to V原 ………………… 115
so … as to V原 ……………… 117

た
第１文型：S＋V(自) ………… 38
大過去…………………………… 48
第５文型：S＋V(他)＋O＋C 41
第５文型（SVOC）の受動態 82
第５文型をとる動詞…………… 41
第３文型：S＋V(他)＋O …… 39
第３文型（SVO）の受動態 … 80
第２文型：S＋V(自)＋C …… 38
第２文型をとる自動詞の例… 39
代名詞の種類 ・……………… 220
第４文型：S＋V(他)＋O₁＋O₂ …
……………………………… 40
第４文型（SVOO）の受動態 81
第４文型をとる動詞…………… 40
他動詞…………………………… 37

ち
抽象名詞………………………… 21

て
take care of 〜 ……………… 83
deny Ving …………………… 124
talking [speaking] of 〜 …… 154

と
動詞……………………………… 16
too … to V原 ………………… 117
動名詞と不定詞（名詞的用法）の
違い ………………………… 124
動名詞の完了形……………… 127
動名詞の否定形……………… 127
動名詞＝Ving＝Vすること …
……………………………… 122
twice ………………………… 198
時（を表す言葉）＋when S V（完
全な文）…………………… 174
Don't＋V原 ….. . …………… 96

227

に
need not have V_pp ･････････････････････ 75

ね
never ･････････････････････････････････････ 58
..... never to V原 ････････････････････････ 116
never to V原 ･･････････････････････････････ 118

の
No other 単数名詞 is as[so] 原級 as ～ ････････････････････････････････ 201
No other 単数名詞 is 比較級 than ～ ････････････････････････････････ 201
not as[so] 原級 as ..... ･････････････････ 194
not to V原 ･････････････････････････････････ 118
not Ving ･････････････････････････････････ 127
Not Ving ..... ･････････････････････････････ 153

は
half ･･････････････････････････････････････ 198
「by＋行為者」を省略する場合 ････ 81
倍数 as 原級 as ～ ･･････････････････ 198
by far ＋比較級 ･････････････････････････ 193
How 形容詞[副詞]（＋S V）! 97
how で聞けることの例 ････････････ 92
場所（を表す言葉）＋where S V
　（完全な文） ･･････････････････････････ 174
has＋V_pp ････････････････････････････････ 54
But for ～ ･････････････････････････････ 209
Had＋S＋V_pp .....? ･･････････････････ 60
had＋過去分詞（V_pp）････････････････ 48
had to ･････････････････････････････････････ 68
Had it not been for ～ ･･････････････ 209
had＋V_pp ････････････････････････････････ 54
had best not V原 ･･･････････････････････ 73
had best V原 ･････････････････････････････ 73
had better not V原 ･････････････････････ 72
had better V原 ･･････････････････････････ 72
having V_pp ･･････････････････････････････ 127

have already V_pp ･････････････････････ 57
have just V_pp ･･････････････････････････ 57
Have[Has]＋S＋ever＋V_pp
　.....? ･････････････････････････････････････ 59
Have[Has]＋S＋V_pp .....? ･･･ 58
have[has] to ･･････････････････････････ 68
have[has] not＋V_pp ･･･････････････ 57
have ～ V原 ･･･････････････････････････ 118
have＋V_pp ･･･････････････････････････････ 54

ひ
hear ～　V原 ････････････････････････････ 119
be interested in ～ ･････････････････ 83
be able to ･････････････････････････････ 66
be covered with ～ ････････････････ 83
be good at ～ ･････････････････････････ 123
be going to＋V原 ････････････････････ 49
be surprised at ～ ･･････････････････ 83
be動詞 ････････････････････････････････････ 22
be動詞を含む文の疑問文 ････････････ 29
be動詞を含む文の否定文 ････････････ 28
be busy (in) Ving ･･････････････････ 141
be＋Ving ････････････････････････････････ 50
be made from[of] ～ ･････････････ 83
be used to Ving ････････････････････ 74
be used to V原 ･･･････････････････････ 74
比較 ･･･････････････････････････････････････ 188
比較級／最上級の作り方 ･･･････ 189
比較級 and 比較級 ･･････････････････ 199
比較級 than ..... / more 原級
　than ..... ･･･････････････････････････････ 194
比較級 than any other 単数名詞
　･･ 201
比較級の強調 ･･････････････････････････ 193
人以外 which S V ･･･････････････････ 162
人以外 which S V 前置詞 ････････ 166
人以外 which V ･････････････････････ 159
人以外 前置詞 which S V ･･････････ 166
人 前置詞 whom S V ･･･････････････ 166
人・人以外 whose 名詞 ･････････ 161
人 who V ･･･････････････････････････････ 159

人 whom S V ･･･････････････････････････ 162
人 whom S V 前置詞 ････････････ 166

ふ
prefer A to B ･･････････････････････････ 200
far＋比較級 ･････････････････････････････ 193
feel ～ V原 ････････････････････････････ 119
[Ving]と[to V原]で意味が変わる
　動詞 ･･･････････････････････････････････ 125
Ving の作り方 ･･････････････････････ 223
V原（命令文), and .....（イイコト）．
　･･ 96
V原（命令文), or .....（ワルイコト）．
　･･ 96
finish Ving ･･････････････････････････ 124
for ～ ･･････････････････････････････････ 56
forget to V原 ････････････････････････ 126
forget Ving ･････････････････････････ 126
four times ･･････････････････････････ 198
副詞 ･･ 18
付帯状況の with ････････････････････ 140
物質名詞 ･･････････････････････････････････ 16
put off Ving ････････････････････････ 125
不定詞の完了形 ････････････････････ 111
不定詞の形容詞的用法 ････････････ 108
不定詞の否定形 ････････････････････ 118
不定詞の副詞的用法 ･･････････････ 114
不定詞の名詞的用法 ･･････････････ 102
practice Ving ･･････････････････････ 125
frankly speaking ････････････････ 154
分詞構文 ････････････････････････････････ 144
分詞構文の意味 ････････････････････ 147
分詞構文の作り方 ･･･････････････････ 146
分詞構文の否定形 ･･････････････････ 153
分詞の Ving と V_pp の使い分け
　･･ 133

ほ
方法(the way)＋how S V（完全な文）･･･････････････････････････････････ 174
postpone Ving ･････････････････････ 125

ま

- might ················· 67
- mind Ving ············· 124
- must ··················· 68
- must not[mustn't] V原 ··· 68
- must have Vpp ········· 75
- much ＋ 比較級 ········· 193

み

- miss Ving ············· 125
- 未来 ··················· 49
- 未来完了 ··············· 61
- 未来完了の意味 ········· 61
- 未来の仮定法 ··········· 207

め

- may ··················· 67
- make ～ V原 ············ 118
- make oneself understood ·· 141
- 名詞 ··················· 15
- 名詞の単数と複数 ······· 15
- may[might] as well V1原 (as V2原) 74
- may[might] well V原 ··· 74
- may[might] have Vpp ··· 75
- 命令文 ················· 96

ゆ

- used to V原 ············ 73

ら

- like A (the) best in[of] 名詞 200
- like A better than B ··· 200
- laugh at ～ ············ 83
- live to be 年齢 ········ 116

り

- remember to V原 ········ 126
- remember Ving ········· 126

理由

- 理由(the reason) ＋ why S V (完全な文) ········· 174

る

- look forward to Ving ··· 127

れ

- less ·················· 192
- less 原級 than ..... ··· 194
- let ～ V原 ············· 118

わ

- Were it not for ～ ····· 209
- was[were] ＋ Ving ····· 50
- What a[an] 形容詞＋名詞(＋S V)! ················ 97
- what is called ········ 171
- what is ＋ 比較級 ······ 171
- what is more ·········· 171
- what is worse ········· 171
- what we[they/you] call ··· 171
- what S is[am/are] ····· 171
- what S used to be ····· 171
- what S V ·············· 169
- what S was[were] ······ 171
- what V ················ 169
- one of the 最上級 複数名詞 200

229

MEMO

【訂正のお知らせはコチラ】▶▶▶

本書の内容に万が一誤りがございました場合は，東進WEB書店
(https://www.toshin.com/books/)の本書ページにて随時お知ら
せいたしますので，こちらをご確認ください。☞

大学受験　名人の授業シリーズ
大岩のいちばんはじめの英文法【超基礎文法編】

発行日：2014年　2月28日　初版発行
　　　　2025年　8月10日　第45版発行

著者：**大岩秀樹**
発行者：**永瀬昭幸**

編集担当：八重樫清隆
発行所：株式会社ナガセ
〒180-0003 東京都武蔵野市吉祥寺南町1-29-2
出版事業部（東進ブックス）
TEL：0422-70-7456　FAX：0422-70-7457
URL：http://www.toshin.com/books/（東進WEB書店）
※本書を含む東進ブックスの最新情報は，東進WEB書店をご覧ください。

章扉イラスト：城井友紀
本文デザイン：東進ブックス編集部
カバーデザイン：山口勉
制作協力：林仁美　石塚友利恵　松田侑子　伊勢川暁
　　　　　中里律子　藤田恵美

印刷・製本：シナノ印刷株式会社

※落丁・乱丁本は東進WEB書店のお問い合わせよりお申し出ください。
　但し，古書店で本書を購入されている場合は，おとりかえできません。
※本書を無断で複写・複製・転載することを禁じます。

© Hideki Oiwa 2014
Printed in Japan
ISBN978-4-89085-589-6 C7382

編集部より

この本を読み終えた君にオススメの３冊！

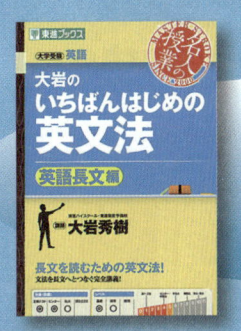

本書の続編【英語長文編】！ 文法から長文へ移るための知識を完成させる、最も基礎からの長文読解指南書。長文が苦手な人はコレ！

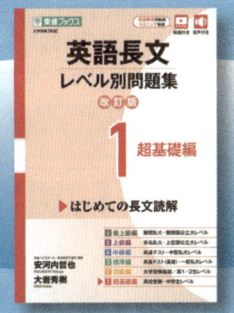

ついに改訂となった英語長文のベストセラー問題集。 本書をマスターしたら、どんどん長文に挑戦だ！ レベル①から⑥まで駆け上がれ！

本書をベースにして【英語長文編】の重要部分を加え、 さらに重要な英単語600語＋英熟語300語も巻末に収録した究極の基礎固め本！

体験授業

この本を書いた講師の授業を受けてみませんか？

東進では有名実力講師陣の授業を無料で体験できる『体験授業』を行っています。「わかる」授業、「完璧に」理解できるシステム、そして最後まで「頑張れる」雰囲気を実際に体験してください。

※１講座(90分×1回)を受講できます。
※お電話でご予約ください。連絡先は付録７ページをご覧ください。
※お友達同士でも受講できます。

大岩秀樹先生の主な担当講座
「**大岩秀樹のみんなの理系英語**」など

東進の合格の秘訣が次ページに

合格の秘訣1 全国屈指の実力講師陣

東進の実力講師陣
数多くのベストセラー参考書を執筆!!

WEBで体験
東進ドットコムで授業を体験できます！
実力講師陣の詳しい紹介や、各教科の学習アドバイスも読めます。
www.toshin.com/teacher/

英語

- **安河内 哲也**先生 [英語]
  本物の英語力をとことん楽しく！日本の英語教育をリードするMr.4Skills。

- **今井 宏**先生 [英語]
  100万人を魅了した予備校界のカリスマ。抱腹絶倒の名講義を見逃すな！

- **渡辺 勝彦**先生 [英語]
  爆笑と感動の世界へようこそ。「スーパー速読法」で難解な長文も速読即解！

- **宮崎 尊**先生 [英語]
  雑誌『TIME』やベストセラーの翻訳も手掛け、英語界でその名を馳せる実力講師。 

- **大岩 秀樹**先生 [英語]
  いつのまにか英語を得意科目にしてしまう、情熱あふれる絶品授業！

- **武藤 一也**先生 [英語]
  全世界の上位5%(PassA)に輝く、世界基準のスーパー実力講師！ 

- **慎 一之**先生 [英語]
  論理的に展開される授業はまさに感動。丁寧な板書とやる気を引き出す圧倒的な講義！ 

国語

- **興水 淳一**先生 [現代文]
  「脱・字面読み」トレーニングで、「読む力」を根本から改革する！

- **西原 剛**先生 [現代文]
  明快な構造板書と豊富な具体例で必ず君を納得させる！「本物」を伝える現代文の新鋭。

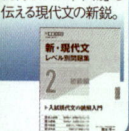

- **栗原 隆**先生 [古文]
  東大・難関大志望者から絶大なる信頼を得る本質の指導を追究。

- **富井 健二**先生 [古文]
  ビジュアル解説で古文を簡単明快に解き明かす実力講師。 

- **三羽 邦美**先生 [古文・漢文]
  縦横無尽な知識に裏打ちされた立体的な授業に、グングン引き込まれる！

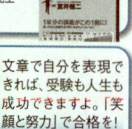

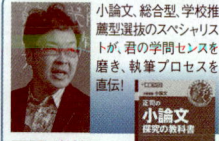

- **寺師 貴憲**先生 [漢文]
  幅広い教養と明解な具体例を駆使した緩急自在の講義。漢文が身近になる！

- **正司 光範**先生 [小論文]
  小論文、総合型、学校推薦型選抜のスペシャリストが、君の学問センスを磨き、執筆プロセスを直伝！

- **石関 直子**先生 [小論文]
  文章で自分を表現できれば、受験も人生も成功できますよ。「笑顔と努力」で合格を！

付録1

数学

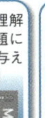

志田 晶先生 [数学]
数学を本質から理解し、あらゆる問題に対応できる力を与える珠玉の名講義!

青木 純二先生 [数学] 
論理力と思考力を鍛え、問題解決力を養成。多数の東大合格者を輩出!

松田 聡平先生 [数学] 
「ワカル」を「デキル」に変える新しい数学は、君の思考力を刺激し、数学のイメージを覆す!

寺田 英智先生 [数学] 
明快かつ緻密な講義が、君の「自立した数学力」を養成する!

理科

宮内 舞子先生 [物理]
正しい道具の使い方で、難問が驚くほどシンプルに見えてくる!

高柳 英護先生 [物理]
一片の疑問も残さない指導と躍動感ある講義が物理を面白くする!

鎌田 真彰先生 [化学]
化学現象を疑い化学全体を見通す"伝説の講義"は東大理三合格者が絶賛。

岸 良祐先生 [化学]
原子レベルで起こっている化学現象を、一緒に体感しよう!

立脇 香奈先生 [化学]
「なぜ」をとことん追究し「規則性」「法則性」が見えてくる大人気の授業。

橋爪 健作先生 [化学]
丁寧な板書、明晰かつ簡潔な講義、徹底した入試分析が定評。

飯田 高明先生 [生物]
「いきもの」をこよなく愛する心が君の探究心を引き出す!生物の達人。

青木 秀紀先生 [地学]
地球や宇宙、自然のダイナミズムを、ビジュアルを駆使して伝える本格派。

地歴公民

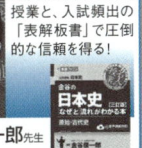

金谷 俊一郎先生 [日本史]
歴史の本質に迫る授業と、入試頻出の「表解板書」で圧倒的な信頼を得る!

荒巻 豊志先生 [世界史]
"受験世界史に荒巻あり"と言われる超実力人気講師!世界史の醍醐味を。

加藤 和樹先生 [世界史]
世界史を「暗記」科目だなんて言わせない。正しく理解すれば必ず伸びることを一緒に体感しよう。

山岡 信幸先生 [地理]
わかりやすい図解と統計の説明に定評。

清水 雅博先生 [公民]
政治と経済のメカニズムを論理的に解明しながら、入試頻出ポイントを明確に示す。

執行 康弘先生 [公民]
「今」を知ることは「未来」の扉を開くこと。受験に留まらず、目標を高く、そして強く持て!

※書籍画像は2025年3月末時点のものです。

付録 2

合格の秘訣2 ココが違う 東進の指導

01 人にしかできないやる気を引き出す指導

夢と志は志望校合格への原動力！

東進では、将来を考えるイベントを毎月実施しています。夢・志は大学受験のその先を見据える、学習のモチベーションとなります。仲間とワクワクしながら将来の夢・志を考え、さらに志を言葉で表現していく機会を提供します。

夢・志を育む指導

一人ひとりを大切に君を個別にサポート

担任指導

東進が持つ豊富なデータに基づき君だけの合格設計図をともに考えます。熱誠指導でどんな時でも君のやる気を引き出します。

受験は団体戦！仲間と努力を楽しめる

チーム制

東進ではチームミーティングを実施しています。週に1度学習の進捗報告や将来の夢・目標について語り合う場です。一人じゃないから楽しく頑張れます。

現役合格者の声

東京大学 理科一類
三宅 潤くん
東京都 私立 海城高校卒

毎週のチームミーティングでは、質問したいことを気軽に聞けて、不安なことや不満のあることを聞いてもらえて心の支えになっていました。また、同じ志望校に向けて一緒に頑張れる仲間がいたことは、とても大きかったと思います。東進に行くと気軽に話せる担任の先生や友人がいて、気持ちが明るくなりました。

02 人間には不可能なことをAIが可能に

学力×志望校 一人ひとりに最適な演習をAIが提案！

AI演習

桁違いのビッグデータと最新のAIによる得点予測が組み合わさった東進のAI演習講座は、日本一の現役合格実績の原動力となっています。これまで蓄積されたデータに、最新のデータが毎年大量に加わることで、AIの精度も向上しています。

▎AI演習講座ラインアップ

高3生 苦手克服＆得点力を徹底強化！
「志望校別単元ジャンル演習講座」
「第一志望校対策演習講座」
「最難関4大学特別演習講座」

高2生 大学入試の定石を身につける！
「個人別定石問題演習講座」

高1生 素早く、深く基礎を理解！
「個人別基礎定着演習講座」

現役合格者の声

一橋大学 社会学部
鍋田 夏帆さん
千葉県立 千葉高校卒

東進は「過去問演習講座」やAIを使った「志望校別単元ジャンル演習講座」、「第一志望校特別演習」といった演習コンテンツが充実しています。「志望校別単元ジャンル演習講座」は自分に合った適切な演習を積む上でとても有効なツールで、秋の追い込みの時期の学習の中心でした。

付録 3

東進ハイスクール **在宅受講コースへ**
東進で勉強したいが、近くに校舎がない君は…
「遠くて東進の校舎に通えない……」。そんな君も大丈夫！ 在宅受講コースなら自宅のパソコンを使って勉強できます。ご希望の方には、在宅受講コースのパンフレットをお送りいたします。お電話にてご連絡ください。学習・進路相談も随時可能です。
0120-531-104

03 本当に学力を伸ばすこだわり

楽しい！わかりやすい！そんな講師が勢揃い

実力講師陣

わかりやすいのは当たり前！おもしろくてやる気の出る授業を約束します。1・5倍速×集中受講の高速学習。そして、12レベルに細分化された授業を組み合わせ、スモールステップで学力を伸ばす君だけのカリキュラムをつくります。

パーフェクトマスターのしくみ

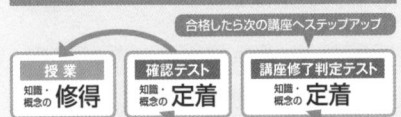

合格したら次の講座へステップアップ
- 授業　知識・概念の**修得**
- 確認テスト　知識・概念の**定着**
- 講座修了判定テスト　知識・概念の**定着**

毎授業後に確認テスト　最後の講の確認テストに合格したら挑戦！

英単語1800語を最短1週間で修得！

高速マスター

基礎・基本を短期間で一気に身につける「高速マスター基礎力養成講座」を設置しています。オンラインで楽しく効率よく取り組めます。

本番レベル・スピード返却 学力を伸ばす模試

東進模試

常に本番レベルの厳正実施。合格のために何をすべきか点数でわかります。WEBを活用し、最短中5日の成績表スピード返却を実施しています。

現役合格者の声

早稲田大学 政治経済学部
香山 盛林くん
東京都 私立 國學院高校卒

東進でまず取り組んだのが「高速マスター基礎力養成講座」です。英単語の修得はもちろん、学習習慣を身につけることに大きく役立ち、計画的に学習をするきっかけになりました。また、「共通テスト本番レベル模試」は自分の学力を測る、貴重な指標となり、共通テスト形式の問題に慣れるのにもとても役立ちました。

君の高校の進度に合わせて学習し、定期テストで高得点を取る！
高校別対応の個別指導コース

学年順位急上昇!!
「先取り」で学校の勉強がよくわかる！

楽しく、集中が続く、授業の流れ

1. 導入
授業の冒頭では、講師と担任助手の先生が今回扱う内容を紹介します。

2. 授業
約15分の授業でポイントをわかりやすく伝えます。要点はテロップでも表示されるので、ポイントがよくわかります。

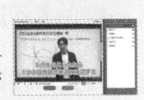

3. まとめ
授業が終わったら、次は確認テスト。その前に、授業のポイントをおさらいします。

付録 4

合格の秘訣3 東進模試

申込受付中
※お問い合わせ先は付録7ページをご覧ください。

東進模試は、学力を測るだけではなく、学力を伸ばすための模試です。

- 学力の伸びを明確化する「絶対評価」×「連続受験」
- 日本最多でとことん本番レベルにこだわる年間42模試のべ105回を実施 ※中学生対象の模試を含む。
- 詳細な成績表を中5日で超スピード返却 ※模試により異なります。

共通テスト対策
- 共通テスト本番レベル模試　全4回
- 全国統一高校生テスト　全2回
  〈全学年統一部門〉〈高2生部門〉〈高1生部門〉

同日体験受験
- 共通テスト同日体験受験　全1回

記述・難関大対策
- 全国国公立大記述模試　NEW　全5回
- 医学部82大学判定テスト　全2回

基礎学力チェック
- 高校レベル記述模試〈高2〉〈高1〉　全2回
- 大学合格基礎力判定テスト　全5回
- 全国新高1ハイレベルテスト　全1回
- 全国統一中学生テスト　全2回
  〈全学年統一部門〉〈中2生部門〉〈中1生部門〉

大学別対策
- 東大本番レベル模試　全4回
- 京大本番レベル模試　全4回
- 北大本番レベル模試　全2回
- 東北大本番レベル模試　全2回
- 名大本番レベル模試　全3回
- 阪大本番レベル模試　全3回
- 九大本番レベル模試　全3回
- 東京科学大本番レベル模試　全3回
- 一橋大本番レベル模試　全3回
- 神戸大本番レベル模試　全2回
- 千葉大本番レベル模試　全2回
- 広島大本番レベル模試　全2回
- 高2東大本番レベル模試　全4回
- 高2京大本番レベル模試　NEW　全4回
- 高2北大本番レベル模試　NEW　全2回
- 高2東北大本番レベル模試　NEW　全2回
- 高2名大本番レベル模試　NEW　全3回
- 高2阪大本番レベル模試　NEW　全3回
- 高2九大本番レベル模試　NEW　全3回
- 高2東京科学大本番レベル模試　NEW　全3回
- 高2一橋大本番レベル模試　NEW　全3回
- 早大・慶大レベル模試　NEW　全4回
- 上理・明青立法中レベル模試　NEW　全4回
- 関関同立レベル模試　NEW　全4回

旧七帝大＋2大学入試同日・直近日体験受験
- 東大入試同日体験受験　全1回
- 東北大入試同日体験受験　全1回
- 名大入試同日体験受験　全1回
- 京大入試直近日体験受験
- 九大入試直近日体験受験
- 北大入試直近日体験受験
- 東京科学大入試直近日体験受験
- 阪大入試直近日体験受験
- 一橋大入試直近日体験受験

各1回

※ 2025年度に実施予定の模試は、今後の状況により変更する場合があります。最新の情報はホームページでご確認ください。

2025年 東進現役合格実績
受験を突破する力は未来を切り拓く力!

東大 現役合格実績日本一※ 7年連続800名超!
※2024年の東大現役合格者を公表している予備校の中で東進の634名が最大(2024年JDnet調べ)。

東大 815名

文科一類 117名	理科一類 297名
文科二類 100名	理科二類 130名
文科三類 111名	理科三類 34名
学校推薦型選抜 26名	

現役合格者の35.1%が東進生!

東進生現役占有率 815/2,319 **35.1%**

全現役合格者に占める東進生の割合
2025年の東大全体の現役合格者は2,319名。東進生の現役合格者は815名。東進生の占有率は35.1%。現役合格者の2.9人に1人が東進生です。

学校推薦型選抜も東進!
東大 26名 +1名
学校推薦型選抜 現役合格者の 30.2%が東進生! 推薦入試での東進生現役占有率 **30.2%**

法学部 2名	工学部 13名
経済学部 3名	理学部 2名
文学部	農学部
教育学部 1名	医学部健康総合科学科 1名
教養学部 1名	

東京科学大・一橋大 444名
東京科学大 260名
一橋大 184名

現役合格者の23.1%が東進生!
東進生現役占有率 444/1,917(東進推定) **23.1%**

2025年の東京科学大・一橋大の現役合格者数は未公表のため、仮に昨年の現役合格者数(推定)を分母として東進生占有率を算出すると、現役合格者における東進生の占有率は23.1%。現役合格者の4.4人に1人が東進生です。

医学部医学科 1,593名
国公立医・医 991名 防衛医科大学校を含む

東京大 34名	名古屋大 23名	千葉大 15名	大阪公立大 9名
京都大 29名	大阪大 22名	東京科学大 21名	神戸大 22名
北海道大 16名	九州大 20名	横浜市立大 11名	その他国公立医・医 708名
東北大 27名	筑波大 18名	浜松医科大 16名	

私立医・医 602名

旧七帝大 3,700名 共通+22名

| 東京大 815名 | 北海道大 406名 | 名古屋大 404名 | 九州大 568名 |
| 京都大 488名 | 東北大 417名 | 大阪大 602名 | |

国公立大 15,803名

国公立 総合・学校推薦型選抜も東進!
旧七帝大 469名 共通+20名
+東京科学大・一橋大・神戸大

東京大 26名	名古屋大 78名	東京科学大 57名
京都大 23名	大阪大 52名	一橋大 8名
北海道大 9名	九州大 40名	神戸大 56名
東北大 120名		

国公立医・医 348名 共通+29名
国公立大 2,155名 共通+62名

早慶 5,628名

早稲田大 3,467名
政治経済学部 418名	文化構想学部 295名
法学部 310名	理工3学部 684名
商学部 293名	他 1,467名

慶應義塾大 2,161名
法学部 253名	理工学部 594名
経済学部 286名	医学部 39名
商学部 419名	他 570名

一般選抜 東進生現役占有率 4,357/17,219(前年) **25.3%**

一般選抜現役合格者の25.3%が東進生!
2025年の早稲田大・慶應義塾大の現役合格者数は未公表のため、仮に昨年の大学公表の一般選抜現役合格者数(早稲田大は大学入学共通テスト利用入学試験を除く)を分母として東進生占有率を算出すると、現役合格者における東進生の占有率は25.3%。現役合格者の4.0人に1人が東進生です。

上理明青立法中 20,098名
上智大 1,644名	青山学院大 1,900名	法政大 3,791名
東京理科大 2,935名	立教大 2,518名	中央大 2,373名
明治大 4,937名		

関関同立 12,620名
| 関西学院大 2,751名 | 同志社大 2,851名 | 立命館大 4,271名 |
| 関西大 2,747名 | | |

日東駒専 8,494名
| 日本大 3,262名 | 東洋大 3,026名 | 駒澤大 942名 | 専修大 1,264名 |

産近甲龍 6,293名
| 京都産業大 670名 | 近畿大 3,800名 | 甲南大 594名 | 龍谷大 1,229名 |

ウェブサイトでもっと詳しく [東進] 🔍検索

2025年3月31日締切

付録 6

各大学の合格実績は、東進ネットワーク(東進ハイスクール、東進衛星予備校、早稲田塾)の現役生のみ、高3時在籍者のみの合同実績です。一人で複数合格した場合は、それぞれの合格者数に計上しています。

東進へのお問い合わせ・資料請求は
東進ドットコム www.toshin.com もしくは下記の番号へ！

東進ハイスクール・東進衛星予備校 校舎情報はコチラ

ハッキリ言って合格実績が自慢です！大学受験なら、
東進ハイスクール　0120-104-555（トーシン ゴーゴーゴー）

■東京都
[中央地区]
- 市ヶ谷校　0120-104-205
- 新宿エルタワー校　0120-104-121
- ※新宿校大学受験本科　0120-104-020
- 高田馬場校　0120-104-770
- 人形町校　0120-104-075

[城北地区]
- 赤羽校　0120-104-293
- 本郷三丁目校　0120-104-068
- 茗荷谷校　0120-738-104

[城東地区]
- 綾瀬校　0120-104-762
- 金町校　0120-452-104
- 亀戸校　0120-104-889
- 北千住校　0120-693-104
- 錦糸町校　0120-104-249
- 豊洲校　0120-104-282
- 西新井校　0120-266-104
- 西葛西校　0120-289-104
- 船堀校　0120-104-201
- 門前仲町校　0120-104-016

[城西地区]
- 池袋校　0120-104-062
- 大泉学園校　0120-104-862
- 荻窪校　0120-687-104
- 高円寺校　0120-104-627
- 石神井校　0120-104-159
- 巣鴨校　0120-104-780

[城南地区]
- 成増校　0120-028-104
- 練馬校　0120-104-643
- 大井町校　0120-575-104
- 蒲田校　0120-265-104
- 五反田校　0120-672-104
- 三軒茶屋校　0120-104-739
- 渋谷駅西口校　0120-389-104
- 下北沢校　0120-104-672
- 自由が丘校　0120-964-104
- 成城学園前校　0120-104-616
- 千歳烏山校　0120-104-331
- 千歳船橋校　0120-104-825
- 中目黒校　0120-104-261
- 二子玉川校　0120-104-959

[東京都下]
- 吉祥寺南口校　0120-104-775
- 国立校　0120-104-599
- 国分寺校　0120-622-104
- 立川駅北口校　0120-104-662
- 田無校　0120-104-272
- 調布校　0120-104-305
- 八王子校　0120-896-104
- 東久留米校　0120-565-104
- 府中校　0120-104-676
- 町田校　0120-104-507
- 三鷹校　0120-104-149
- 武蔵小金井校　0120-480-104
- 武蔵境校　0120-104-769

■神奈川県
- 青葉台校　0120-104-947
- 厚木校　0120-104-716
- 川崎校　0120-226-104
- 湘南台東口校　0120-104-706
- 新百合ヶ丘校　0120-104-182
- センター南駅前校　0120-104-722
- たまプラーザ校　0120-104-445
- 鶴見校　0120-876-104
- 登戸校　0120-104-157
- 平塚校　0120-104-742
- 藤沢校　0120-104-549
- 武蔵小杉校　0120-165-104
- 横浜校　0120-104-473

■埼玉県
- 浦和校　0120-104-561
- 大宮校　0120-104-858
- 春日部校　0120-104-508
- 川口校　0120-917-104
- 川越校　0120-104-538
- 小手指校　0120-104-759
- 志木校　0120-104-202
- せんげん台校　0120-104-388
- 草加校　0120-104-690
- 所沢校　0120-104-594
- 南浦和校　0120-104-573
- 与野校　0120-104-755

■千葉県
- 我孫子校　0120-104-253
- 市川駅前校　0120-104-381
- 稲毛海岸校　0120-104-575
- 海浜幕張校　0120-104-926
- 柏校　0120-104-353
- 北習志野校　0120-344-104
- 新浦安校　0120-556-104
- 新松戸校　0120-104-354
- 千葉校　0120-104-564
- 津田沼校　0120-104-724
- 成田駅前校　0120-104-346
- 船橋校　0120-104-514
- 松戸校　0120-104-257
- 南柏校　0120-104-439
- 八千代台校　0120-104-863

■茨城県
- つくば校　0120-403-104
- 取手校　0120-104-328

■静岡県
- 静岡校　0120-104-585

■奈良県
- 奈良校　0120-104-597

※は高卒生専用校舎
□は中高一貫コース（中学生対象）設置校

※変更の可能性があります。最新情報はウェブサイトで確認できます。

全国約1,000校、10万人の高校生が通う、
東進衛星予備校　0120-104-531（トーシン ゴーサイン）

近くに東進の校舎がない高校生のための
東進ハイスクール 在宅受講コース　0120-531-104（ゴーサイン トーシン）

君の高校に対応
東進 個別

2025年開講！完全個別カリキュラムで成績大化アップ！詳細はHPへ

東進ドットコム
ここでしか見られない受験と教育の最新情報が満載！

www.toshin.com
東進 検索

東進TV
東進のYouTube公式チャンネル「東進TV」。日本全国の学生レポーターがお送りする大学・学部紹介は必見！

大学入試過去問データベース
君が目指す大学の過去問を素早く検索できる！2025年入試の過去問も閲覧可能！

過去問データベース
2025年度を含む252大学最大31年分の入試問題を無料公開中！

※2025年4月現在

英語の「基本」の語順

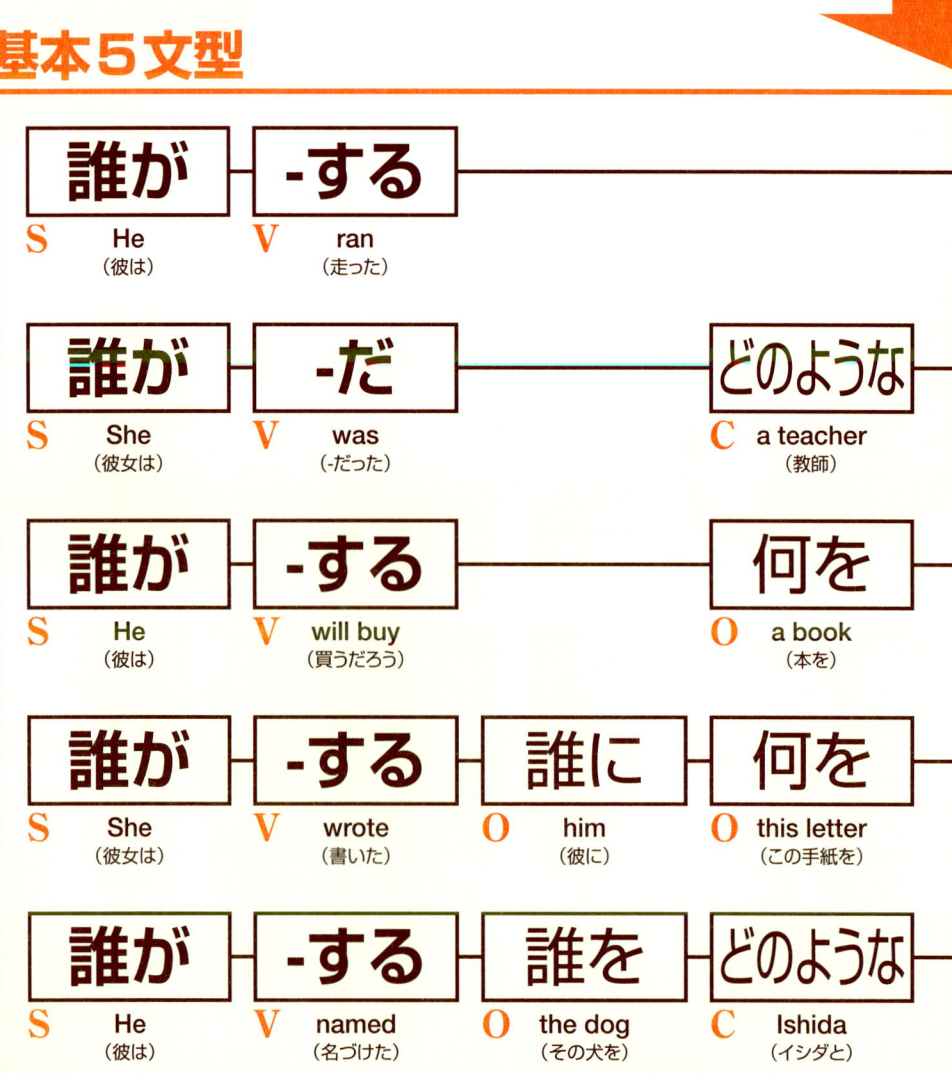

| 誰が (誰は) | -する (-だ) | 誰に (誰を) | 何を (どのような) |

基本5文型

S He (彼は) | **V** ran (走った)

S She (彼女は) | **V** was (-だった) | **C** a teacher (教師)

S He (彼は) | **V** will buy (買うだろう) | **O** a book (本を)

S She (彼女は) | **V** wrote (書いた) | **O** him (彼に) | **O** this letter (この手紙を)

S He (彼は) | **V** named (名づけた) | **O** the dog (その犬を) | **C** Ishida (イシダと)